W0056638

# Lea Ackermann

# Der Kampf
# geht weiter

## Damit Frauen
## in Würde leben können

Ein biografisches Porträt
von und mit Michael Albus

Patmos Verlag

**VERLAGSGRUPPE PATMOS**

**PATMOS**
**ESCHBACH**
**GRÜNEWALD**
**THORBECKE**
**SCHWABEN**

Die Verlagsgruppe
mit Sinn für das Leben

Für die Schwabenverlag AG ist Nachhaltigkeit ein wichtiger Maßstab ihres Handelns. Wir achten daher auf den Einsatz umweltschonender Ressourcen und Materialien.

Umschlaggestaltung: Finken & Bumiller
Umschlagmotiv: © Christoph Mukherjee
Satz: post scriptum, www.post-scriptum.biz
Druck: GGP Media GmbH, Pößneck
Hergestellt in Deutschland
ISBN 978-3-8436-0884-8 (Print)
ISBN 978-3-8436-0901-2 (eBook)

# Inhalt

Anhang

Herr meiner Seele! Als Du noch in dieser Welt wandeltest, hast Du den Frauen immer Deine besondere Zuneigung bewiesen. Fandest Du doch in ihnen nicht weniger Liebe und Glauben als bei den Männern. ... Die Welt irrt, wenn sie von uns verlangt, dass wir nicht öffentlich für Dich wirken dürfen, noch Wahrheiten aussprechen, um deretwillen wir im Geheimen weinen, und dass Du, Herr, unsere gerechten Bitten nicht erhören würdest. Ich glaube das nicht, Herr, denn ich kenne Deine Güte und Gerechtigkeit, der Du kein Richter bist wie die Richter dieser Welt, die Kinder Adams; kurz, nichts als Männer, die meinen, jede gute Fähigkeit bei einer Frau verdächtigen zu müssen. ... Ich werfe unserer Zeit vor, dass sie starke und zu allem Guten begabte Geister zurückstößt, nur weil es sich um Frauen handelt.

*Teresa von Ávila*[1]


Eine junge dynamische Frau fragte, was das für eine Kirche sei, in der die Hälfte der Gläubigen – und das sind nun einmal die Frauen – versuchen sollen, den Fuß in der Tür zu halten. Ist das die Kirche, die Jesus gewollt hat, die uns Heimat ist? Wir Frauen haben heute in Staat und Gesellschaft viele Möglichkeiten. Aber in der Kirche sollen wir uns als Eindringlinge empfinden, uns einschmeicheln und durch Wohlverhalten und Unauffälligkeit einen Platz erobern. ... Der Auszug der Frauen aus der Kirche könnte auch damit zusammenhängen, dass die Frauen gar nicht wollen, was man ihnen da zugesteht.

*Lea Ackermann*[2]

MICHAEL ALBUS

# Ein ganz gewöhnliches Leben –
# und dann ...

Lea Ackermann ist eine außergewöhnliche Frau. Sie beeindruckt, mit 80 Jahren noch, durch ihre Frische, ihren Kampfeswillen, ihren spürbaren Optimismus. Und dies angesichts lebenslanger Erfahrungen von Frauen, die in die Fänge von Menschenhändlern und in das Elend der Prostitution geraten sind.

Die ehemalige Bankkauffrau, die einen Lebensweg als katholische Ordensschwester eingeschlagen hat, schreckt, wenn es um Nächsten-Liebe geht, vor nichts zurück. Ihr Mut war und ist berühmt-berüchtigt.

In Afrika sah sie zuerst, dass die Ausbeutung und Erniedrigung von Frauen eine tiefe Wunde der ganzen Menschheit ist. In die Zeit in Afrika fiel auch die Gründung von SOLWODI, einer Organisation für Frauen in Not. SOLWODI ist heute eine internationale Organisation geworden, deren Mitarbeiterinnen vorbildliche Arbeit leisten in Milieus, die lebensgefährlich sind oder es jederzeit werden können.

Lea Ackermann ist der Auffassung, dass es besser ist, ein Licht anzuzünden, als über die Dunkelheit zu klagen. Sie lebt ein Leben gegen Konventionen.

Sie träumt nicht. Sie kämpft. Sie brennt. Gewalt macht sie wütend – aber kontrolliert.

In langen Gesprächen bin ich mit ihr an den Rändern ihres Lebens entlanggegangen. Ich habe sie aber auch nach ihrer Mitte gefragt, aus der heraus sie lebt und kämpft. Die Gespräche habe ich aufgezeichnet. So entstand ein Mosaik, das einerseits die Vielfalt und andererseits die »Einheit«, ja die Not-Wendigkeit ihres ver-rückten Lebens zum Vorschein brachte.

Die Sprache, in der Lea Ackermann von ihrem Leben und ihrem Glauben erzählt, hat etwas Unfertiges an sich, fällt immer wieder ins Stakkato, wird atemlos. Aber sie ist konkret. Ihr geht es nicht darum, komplexe Gedankengebäude aufzurichten, sondern das, was sie sieht, was ihr begegnet, in den Blick der Liebe und Zuneigung zu nehmen, nüchtern und leidenschaftlich – und dann zu handeln.

Die Beweggründe ihres Handelns findet sie im Evangelium. Das ist ihr Maßstab. Dabei kommt sie zu Ergebnissen, die manche erschrecken, andere kritisch-distanziert werden lassen, aber viele auch verwundern und staunen machen.

Für sie ist die »Frohe Botschaft« keine Vergangenheit, für sie ist sie Gegenwart – und Zukunft übrigens auch. Lea Ackermann lebt mit unruhigem Herzen im Heute Gottes – und im Heute der Menschen. Das Heute Gottes und das konkrete Leben von Menschen sind für sie identisch, ungleichzeitig gleichzeitig, gleichzeitig ungleichzeitig.

Im Leben jedes Menschen gibt es den *point of no return*, den Punkt, an dem der Blick sich nur noch nach vorn richtet, an dem man den »alten« Weg hinter sich lässt und ohne Wenn und Aber einen neuen geht – das Damaskuserlebnis\*, um es mit dem Völkerapostel Paulus und der Apostelgeschichte zu markieren.

Das gilt auch für das Leben und die Arbeit von Lea Ackermann. Was sie heute tut, tat sie nicht von Anfang an. Sie machte eines Tages die Erfahrung, dass es so nicht weiterging in ihrem Leben, dass sie etwas Neues anfangen musste. Dieser springende Punkt kam 1985 für sie.

Bis dahin hatte sie, nach einer vom Zweiten Weltkrieg (1939–1945) und den ersten Jahren danach bestimmten Kindheit und Jugend, bei der Saarländischen Landesbank eine Banklehre absolviert und war anschließend Bankkauffrau in Saarbrücken und Paris.

1960 trat sie in die Gemeinschaft der »Missionsschwestern Unserer Lieben Frau von Afrika«, auch »Weiße Schwestern«\* genannt, ein, absolvierte theologische Studien an der Hochschule der Dominikaner\* in Toulouse, studierte an der Frauenfachschule der »Armen Schulschwestern«\* in München, war Lehrerin und Direktorin an einer Internatsschule für Mädchen und am angeschlossenen Lehrerinnen-Seminar in Nyanza (Ruanda). Das war ihre erste Berührung mit Afrika. Dann folgte das Studium von Pädagogik, Psychologie und Theologie an der Universität München, das sie mit der Promotion abschloss. Sechs Jahre lang war sie dann Bildungsreferentin bei *Missio*\* München und Dozentin für Sozialpädagogik an der Katholischen Universität Eichstätt.

1985 wurde sie von der Ordensleitung nach Mombasa (Kenia) am Indischen Ozean entsandt und gründete dort SOLWODI (*Solidarity with Women in Distress,* Solidarität mit Frauen in Not).

Dort kam es für Lea Ackermann zum springenden Punkt. Wie war das?

In den Fluss der Erzählungen habe ich immer wieder Texte eingebaut, die aus dem Fluss herausragen. Sie können dazu dienen, innezuhalten und den Bericht zu vertiefen, das Leben Lea Ackermanns auf einer anderen Ebene zu begreifen, besser zu verstehen.

Personen und Begriffe, die mit * gekennzeichnet sind, werden in einem Verzeichnis am Ende dieses Buches erklärt.

LEA ACKERMANN ERZÄHLT

## Wir können es schaffen
## Die Entdeckung des Lebens

### Der springende Punkt

Ja, es gibt ihn tatsächlich, den springenden Punkt, die Zweitbekehrung. Ich bin mit 23 Jahren ins Kloster eingetreten, weil ich fromm war – und bin. In eine Missionsgemeinschaft, weil ich unbedingt die große, weite Welt sehen wollte. Und Afrika war weit genug weg und interessant genug.

Einige Jahre habe ich in Ruanda gearbeitet, bin nach Deutschland zurückgekommen und habe hier einige Zeit verschiedene Aufgaben übernommen. Unter anderem bei *Missio* in München.

Im Auftrag von *Missio* reiste ich auf die Philippinen, zusammen mit dem österreichischen Weihbischof Florian Kuntner*, der Leiter des österreichischen Missionswerkes war. Weil er im Unterschied zu mir keine Auslandserfahrung hatte, wurde ich mit auf die Reise geschickt.

Die Weltkirche hat mich von Anfang an interessiert. Ich war immer der Auffassung, dass man »katholisch sein« auch ganz anders zum Ausdruck bringen kann als bei uns in Europa.

Auf den Philippinen besuchten wir Bischof Julio Xavier Labayen*. Er leitete die kleine Diözese Infanta auf der Insel Luzon. Ich war begeistert von seiner pastoralen Arbeit. Die wollte ich Bischof Kuntner zeigen.

Die Mitarbeiterinnen und Mitarbeiter von Bischof Labayen mussten erst einmal in die Dörfer gehen, mussten bei den Leuten gelebt haben, um ihre Fragen und Nöte kennenzulernen. Erst wenn das geschehen war, konnten sie die Botschaft des Evangeliums zu den Inselbewohnern bringen.

Bischof Labayen, selbst Karmelit, wollte Karmelitinnen, Frauen eines Ordens mit strenger Klausur, in seine Diözese holen. Es gab sie schon lange in Manila, der Hauptstadt der Philippinen. Sie waren mit den spanischen Eroberern dorthin gekommen.

Zuerst überlegten die Frauen, wie sie ein traditionelles Kloster, ein »monastère«, im Stile einer festen Burg bauen könnten. Bischof Labayen hatte andere Vorstellungen. Jede »seiner« Schwestern sollte bereit sein, einen Monat mit einer armen Familie zu leben. Die meisten der Inselbewohner waren Fischer und Landarbeiter. Sieben Schwestern haben sich dazu bereit erklärt und vier Wochen in und mit solchen Familien gelebt. Ihre Berichte darüber waren sehr bewegend. Sie erzählten zum Beispiel von einem Bauern, der nur ein kleines Feld hatte und davon seine ganze Familie ernährte. Er sollte vom Großgrundbesitzer vertrieben werden! Eine Schwester, die in dieser Familie gelebt hatte, sagte: »Ich war immer eine fromme Schwester und habe ein armes Leben geführt. Aber das, was ich da erlebt habe, hat mich zur Revolutionärin gemacht!«

Eine andere Schwester wohnte bei einer siebenköpfigen Fischerfamilie, die in einem einzigen Raum lebte. Diesen Raum hat sie der Ordensfrau zur Verfügung gestellt. Die Familie selbst hat in der Küche auf dem Boden geschlafen.

Nach solchen Erfahrungen wollten die Schwestern kein burgähnliches Kloster mehr bauen, sondern eines im Stil der einfachen Leute. Ihr Klostergarten sollte offen sein für jeden, der nicht genug zu essen hatte. Die Erfahrung, die sie machten: Die Leute haben das nie ausgenutzt. Sie kamen nur, wenn sie in größter Not waren.

Vor diesem Kloster lag ein Baumstamm. Darauf stand in Tagalog, der Sprache der Philippinen, eingeritzt: »Karmel – den Wunschträumen des Vaters gewidmet«.

Meine Frage, was das bedeute, wurde von den Schwestern so beantwortet: »Wir sind doch alle davon überzeugt und glauben, dass Gott der Schöpfer aller Menschen, der Vater, die Mutter aller Menschen ist. Warum soll er nicht die gleichen Wunschträume für alle seine Kinder haben, wie jede Mutter und jeder Vater? Wir wollen«, sagten sie, »im Herzen Gottes die Liebe sein! Und wenn wir das wollen, müssen wir alles tun, um die Wunschträume Gottes umzusetzen!« – Das hat mich fasziniert. Es erinnerte mich an die Strophe eines französischen Liedes, in der es heißt:

*Ihr seid die Hände Gottes.*
*Gott hat keine Hände, nur eure Hände.*
*Ihr seid das Herz Gottes.*

Das hat mich richtig gepackt! Dafür war ich eigentlich ins Kloster gegangen!

## Im Slum statt im Kloster

Als ich 1979 erstmals das philippinische Inselreich bereiste, war die katholische Hierarchie zerstritten. Ein Teil der Kirchenelite sympathisierte mit dem Diktator Ferdinand Marcos und der kleinen Schicht von Großgrund- und Fabrikbesitzern. Ungeachtet der Querelen an der Kirchenspitze hatte sich eine Basisgemeindebewegung formiert – allen voran die Ordensfrauen. Viele von ihnen hatten vorher als Studienrätinnen die Kinder der Reichen unterrichtet. Dahinter steckte die Überzeugung: Wenn die Reichen gute Christen werden, sind sie bereit, mit den Armen zu teilen. Da die Schwestern mit diesem blauäugigen Konzept gescheitert waren, hatten sie sich ordensübergreifend zu »rural« und »urban missionaries« zusammengeschlossen: Nonnen aus verschiedenen Gemeinschaften lebten nicht mehr in Klöstern, sondern mit den Armen auf dem Land und in den Slums. Nicht *einmal* für vier Wochen wie die Karmelitinnen in Infanta, sondern immer, Tag für Tag.

Diese völlig neue Gemeinschaftsform begeisterte mich kolossal. 1979 auf den Philippinen wurde mir klar: Das ist die Zukunft der Orden und Kongregationen auch in Europa! Wegen des Nachwuchsmangels können einzelne Gemeinschaften kaum noch neue Werke als Antwort auf die Nöte der Menschen von heute beginnen – aber sehr wohl gemeinschaftsübergreifend und zusammen mit engagierten Laien*.

## Wir können es schaffen

Später, 1985, als ich in Mombasa arbeitete, habe ich mir vorgenommen: Ich will etwas tun für die chancenlosen Töchter Gottes, die Frauen!

In Mombasa machten unsere Schwestern Fortbildungskurse für Religionslehrer. Religionsunterricht stand zwar auf dem Lehrplan der Schülerinnen und Schüler, kam aber im Ausbildungsplan der Lehrinnen und Lehrer nicht vor. Dorthin wurde ich von meinem Orden geschickt. Die Schwestern sagten mir aber gleich nach der Ankunft: »Eigentlich brauchen wir dich gar nicht, da wir dieses Programm ganz in einheimische Hände geben.« Das war für mich der Anstoß, etwas für die Frauen zu tun. Die Oberin, der ich das sagte, meinte: »Ja, mach mal! Aber halte mich auf dem Laufenden!«

Dann bin ich auf die Straße, in die Kontakt-Cafés, Bars, Diskotheken, Bordelle und Restaurants gegangen, wo die Sextouristen mit ihren dicken Brieftaschen protzten, habe mich zu den Frauen an die Tische gesetzt und mich vorgestellt: »Ich bin Lea.« Seltener habe ich »Schwester« gesagt, weil ich nicht zu fromm erscheinen wollte. Die Frauen haben sich dann auch sehr höflich vorgestellt. Ich habe sie zu einem Bier eingeladen, weil die meisten von ihnen Bier tranken.

Zu erkennen gab ich mich so: »Ich bin als Europäerin hier, um Ihnen zu helfen, wenn Sie Schwierigkeiten haben. Aber Sie sind ja jung und hübsch und haben vermutlich gar keine Schwierigkeiten!« – Sofort fingen sie an zu schimpfen: »Was meinen Sie denn? Meinen Sie, es macht Spaß, mit jedem Trottel abzuziehen, sich Krankheiten zu holen, mal Geld zu haben, mal keines?« – »Wenn das so ist, dann überlegen wir jetzt zusammen, was ihr anderes machen könnt«, sagte ich.

Was hatte ich erfahren? – Keine einzige der vielen Frauen, die ich im Sommer 1985 befragt habe, sagte, dass die Prostitution von der Armut befreie. Prostituierte verdienten weniger als Dienstmädchen, die damals umgerechnet 40 Euro im Monat bekamen. Von Prostitution profitieren selten die Prostituierten selbst. Die Absahner sind andere. Als im Oktober 1985 der amerikanische Flugzeugträger »Kitty Hawk« im Tiefseehafen von Mombasa vor Anker ging und sage und schreibe 11.000 Soldaten über die Innenstadt ausspie, waren die Prostituierten nur die Lockvögel für das große Geschäft. Die Kioske erweiterten ihr Warenangebot, die Diskotheken erhöhten ihre Getränkepreise und die Hotels ihre Zimmermieten.

Eine der Frauen, zu denen ich Kontakt aufnahm, war Katharina. Eines Abends kam ich ins »Istanbul«. Katharina saß allein an einem Tisch. Als ich anbot, sie einzuladen, sagte sie sofort: »Ich habe Hunger!« Sie war erst 17 Jahre alt und lebte mit ihrem dreijährigen Sohn Maina auf der Straße. Im Laufe unseres Gesprächs bemerkte ich ein junges Mädchen im hinteren Teil des Lokals. Ich fragte Katharina: »Wie alt ist sie?« – »Maggy ist erst 14. Gestern hat sie ein Baby zur Welt gebracht und es in der Toilette ertränkt«, erzählte sie. – Mein Entsetzen war maßlos. Welch unerträgliches, leidvolles Dasein fristeten diese jungen Mädchen – diese Kinder!

Ich steckte in einer Zwickmühle. Ich hatte das Elend gesehen. Ich wusste, was den Frauen fehlte: Bildung und

Alternativen zur Prostitution! – Und jetzt? Ich hatte kein Geld, keine Mitarbeiterinnen. Ich hatte nichts. Da entschloss ich mich, in den sauren Apfel zu beißen und zu betteln. Beim Eintritt ins Kloster hatte ich mit Gott eine Abmachung getroffen. Ich wollte alles, was ich an Fähigkeiten und Fertigkeiten hatte, für ihn einsetzen. »Aber bitte verlang nicht von mir, dass ich betteln gehe, lieber Gott!«, sagte ich. Doch nach 25 Jahren als Weiße Schwester blieb mir nichts anderes übrig, als meine Hand aufzuhalten.

Ich schrieb viele Bettelbriefe mit dem Füller und dem Kugelschreiber. Ein zeitaufwändiges Unterfangen! Verwandte, Freundinnen, Bekannte und alle Menschen in Deutschland, die jemals so unvorsichtig waren, mir ihre Adresse anzuvertrauen, standen auf meiner Liste. Die Überwindung meines Widerwillens trug mir eine reiche Ernte ein: nur zwei negative Antworten.

Der Erzbischof von Mombasa Nicodemus Kirima* sorgte dafür, dass mir eine Pfarrei eine halbverfallene Lagerhalle zur Verfügung stellte. Meine »Frauen der ersten Stunde« und ich bauten sie zu einem SOLWODI-Zentrum um: für Begegnung und Beratung, Arbeit und Ausbildung. Bei der Eröffnungsfeier trug die junge Kenianerin Rosabella Adiambo ein langes, selbstgeschriebenes Gedicht vor. Titel: »Wir können es schaffen!«

Wir können es schaffen!

Nur eine Frau!
So nennst du mich,
weil du glaubst,
ich sei ein minderwertiger Mensch.
Aber, mein Lieber,
dass ich eine Frau bin,
macht mir nicht meine Rechte streitig
und die Freiheit,
mich zu Wort zu melden.
Noch erlaubst du es dir,
mich zu beleidigen,
mich zu misshandeln,
auf mich herabzusehen.
Denn ich bin ja nur eine Frau.
Und der »BOSS« hat immer recht;
wenn er behauptet,
meine Hautfarbe, die ich als schwarz kenne, sei rosa,
dann ist sie rosa.
Ihr Frauen!
Sexismus liegt in der Luft.
Wir wollen uns vereinigen und das tun,
von dem viele denken:
Wir können es nicht schaffen.
Ich sage euch:
Wir können es schaffen.

*Rosabella Adiambo*

Die meisten von ihnen haben es geschafft, trotz aller Widrigkeiten. Sie eröffneten Kleinkioske und Garküchen, sie wurden Näherinnen, Telefonistinnen, Friseurinnen, Gemüsehändlerinnen und Töpferinnen.

Als ich 1994 wieder in Mombasa war, traf ich von 18 Frauen der ersten Stunde 15. Drei waren an Aids gestorben. Eine war dem Alkohol verfallen, aber alle waren aus der Prostitution ausgestiegen. Die meisten hatten sich mit SOLWODI-Kleinkrediten selbständig gemacht. »Im Prinzip geht's uns immer noch schlecht«, sagten sie. »Wir besitzen nicht viel. Aber unsere Kinder gehen zur Schule und wir wohnen nicht mehr auf der Straße oder in Verschlägen, sondern in Häusern.«

## Also mach mal

Heute ist SOLWODI KENIA eine eigenständige Nichtregierungsorganisation (NGO) mit Zentralen in Mombasa, Malindi, Kisumu und Eldoret mit insgesamt 34 Beratungs- und Kontaktstellen. Das Basisprogramm umfasst Ausbildungs-, Geschäftstrainings- und Mikrokreditprogramme sowie ein Programm zur Unterstützung von HIV-infizierten und aidskranken Frauen. 2002 haben wir auch noch SOLGIDI gegründet – *Solidarity with Girls in Distress* – »Solidarität mit Mädchen in Not«. SOLGIDI ermöglicht Töchtern von Prostituierten den Schulbesuch und unterstützt auch die Mütter und Geschwister.

Wir hatten ein Kind von vier Jahren aus dem Krankenhaus bekommen. Die Mutter war gestorben und ein Onkel bot es auf der Straße an. Es war notwendig, eine Organisation für die jungen Mädchen zu finden. So entstand in Mombasa SOLGIDI *(Solidarity with Girls in Distress)*. Später kam in Eldoret und Kisumu im Westen Kenias noch SOLWOGIDI *(Solidarity with Women and Girls in Distress)* mit verschiedenen Projekten hinzu. Wir brachten durch Brunnenbau Wasser an Schulen, um den Gedanken umzusetzen: »Mädchen gehen zur Schule, anstatt Wasser zu tragen« – denn das war die Hauptaufgabe von Mädchen. Sie waren dazu kilometerweit unterwegs und konnten deshalb nicht zur Schule gehen.

Inzwischen gibt es 34 Beratungszentren und ein Ausbildungszentrum für Mädchen und junge Frauen in Kenia.

Wenn die Frauen etwas gelernt haben, schließen sie sich in Selbsthilfegruppen zusammen, um zum Beispiel gemeinsam eine Bäckerei zu betreiben.

Meine Grundüberzeugung war: Diese Frauen und ihre Kinder sind Kinder Gottes, sie haben Fähigkeiten und Begabungen. Nur waren sie in so miserable Situationen hineingeboren worden, die sich ja niemand aussucht, dass ihre Fähigkeiten und Begabungen nie gefördert wurden.

Also mach mal, sagte ich mir.

## Wie ich wurde, was ich bin
## Frühe Prägungen und der Weg
## ins Kloster

### »Das geht wieder vorbei«

Ich war ein frommes Mädchen. Nie hätte ich eine Sonntagsmesse ausfallen lassen. Manchmal bin ich auch werktags zum Gottesdienst. In den Jugendjahren habe ich jedes Jahr Exerzitien gemacht. Ich war einfach religiös interessiert. Das hat mich manchmal auch etwas behindert: Auf dem Heimweg von der Schule stand ein Apfelbaum. Die anderen haben einfach Äpfel geklaut. Ich konnte und durfte das nicht. Es hat mich geärgert, dass dieser Impuls jedes Mal aufkam in mir.

Neben unserer Schule stand die Kirche. Wenn es mir schlecht ging, bin ich in der Pause oder nach dem Unterricht dorthin und habe meine aktuelle Stimmung dort vorgebracht. Ich konnte noch nicht einmal richtig beten. Aber irgendwie musste ich dort alles loswerden.

Ich weiß es noch ganz genau: Im Alter von zwölf Jahren, bei einem Ausflug zu Verwandten, habe ich zu meiner Mutter gesagt: »Ich gehe ins Kloster!« Ihre Antwort: »Als ich so alt war wie du, habe ich auch einmal daran gedacht. Das geht wieder vorbei.« – Sie hat das sehr locker genommen. So wie eine Grippe – die geht auch wieder vorbei.

Dann war ich im Internat in Frankreich bei den »Schwestern von der Göttlichen Vorsehung«*. Als ich in den Ferien nach Hause kam, sagte mein Vater zu mir: »Bilde dir bloß nicht ein, dass du ins Kloster gehen musst, nur weil du jetzt bei den Schwestern in der Schule bist.«

Meine Freundinnen waren alle verliebt. Ich war nicht verliebt. Wohl habe ich immer wieder geschwärmt für Jungs. Aber die, für die ich geschwärmt habe, haben sich nicht für mich interessiert. Und die, die sich für mich interessiert haben, waren für mich völlig uninteressant. Manchmal habe ich mich gefragt, ob ich so arrogant bin, dass ich mich nicht verlieben konnte.

Einmal habe ich eine Wallfahrt nach Lourdes unternommen. Der Leiter des Pilgerzuges, Herr Weiler, der viel älter war als ich, brauchte jemanden zum Übersetzen. Da habe ich mich gemeldet. Ich sprach ja fließend Französisch. Seine Schwester war dabei, die gerade ihren Mann verloren hatte. Wenn er von Hoteliers auf der Reise eingeladen wurde, hat er mich mitgenommen. Das war für mich sehr schön, so hofiert zu werden.

Als ich von der Pilgerreise zurückkam, habe ich gemerkt: Jetzt bin ich verliebt! Doch ich dachte auch, fast paradox, dass ich dann ja dennoch ins Kloster gehen kann. Aber schon als Kind habe ich mir eine große Familie mit einer ganzen Fußballmannschaft von Kindern gewünscht. Ich glaube nicht, dass ich frömmelnd war.

Später im Kloster war ich auch keine fromme Betschwester. Ich hatte große Schwierigkeiten, die langen Gebetszeiten durchzustehen. Mir ist überhaupt nichts Frommes mehr eingefallen. Im Noviziat* hatten wir morgens eine Stunde Meditation. Neben mir knieten die anderen –

tief versunken. Ich konnte Gott nur meine schmerzenden Knie anbieten.

Von Anfang an habe ich nicht in einem geschlossenen Kloster bleiben wollen. Ich wollte in die weite Welt. Missionsschwester in Afrika war da schon sehr reizvoll.

Was man im Leben »wird«, fällt einem nicht einfach zu. Manches wird einem zum einen Teil »in die Wiege gelegt«. Man erhält frühe Prägungen, die sich später ausformen und entwickeln.

## Ein braves Kind war ich nicht

Geprägt, auch religiös, hat mich vor allem meine Großmutter. Ich habe mich aber auch viel mit ihr gezankt. Sie ging jeden Tag zur Messe. Aber sonntags nicht, weil sie keine Sonntagskleider hatte. Das fand ich komisch. Meine Mutter ging jeden Sonntag zur Kirche. Erst viel später, als ich schon im Kloster war, habe ich gedacht: Die Oma war gar nicht so verkehrt! Jedenfalls war sie freier in ihrer Religiosität als meine Mutter. Aber ich mochte sie doch nicht gut leiden, weil sie die zwei Brüder meiner Mutter vorgezogen hat. Die beiden durften studieren, meine Mutter musste die Hausarbeit machen.

Ich habe viel mit ihr gespielt. »Mensch ärgere dich nicht!« zum Beispiel. Wenn sie mich beim Schummeln erwischte, wurde ich richtig wütend. Mein Vater hatte mir den Spitznamen »Hexenbärbel« gegeben, weil ich oft zornig und wild wurde. Ein braves Kind war ich nicht.

## Vater und Mutter

Ich bin 1937 geboren, war also, als der Zweite Weltkrieg 1939 ausbrach, zwei Jahre alt. Wir wurden zweimal wegen der immer heftiger werdenden Luftangriffe evakuiert.

Meinen Vater habe ich gar nicht richtig gekannt. Er war im Krieg. Ich habe immer für ihn geschwärmt, habe ihn als einen absolut verlässlichen Menschen erlebt. Was er versprochen hat, hat er gehalten, auch wenn es sich später als Blödsinn herausstellte. Auf ihn konnte ich mich blind verlassen.

Meine Mutter hat mir eine große Sicherheit gegeben. Das konnte ich damals gar nicht so schätzen. Das sehe ich erst heute. Ein Beispiel: Wir saßen während eines Fliegerangriffs im Bunker. Meine Mutter hatte den Eindruck, dass die Lage draußen gar nicht mehr so gefährlich war. Daher ging sie – ich musste im Bunker bleiben – noch einmal ins Haus und hat gekocht und mir und anderen Essen gebracht. Meine Mutter hat nie Angst ausgestrahlt. Deshalb habe ich wohl auch nie Angst empfunden. Auch dann nicht, als während der zweiten Evakuierung am Bahnhof in Saarbrücken in nächster Nähe die Bomben fielen. Da herrschte Panik. Aber ich habe gar nichts davon mitbekommen. Die Mutter war ja dabei. Dennoch hatte ich viele Auseinandersetzungen mit meiner Mutter. Vieles an ihr fand ich kritikwürdig.

Mein Vater kam unmittelbar nach dem Ende des Krieges nach Hause. Alle Fenster des Hauses waren zersplittert. Er machte sich stracks an den Wiederaufbau. Es waren auch keine Möbel mehr da. Wir mussten sie in der Nachbarschaft, in Klarenthal, zusammensuchen. Geschirr und Silberbesteck wurden ausgegraben. Sie waren unter der Erde versteckt worden, als wir fliehen mussten.

Das war auch die Zeit, in der es kaum etwas zu essen gab. Die Mutter ist auf Hamstertouren gefahren. Sie hat das Silberbesteck verscherbelt, um etwas für uns zu essen zu bekommen. Ich kann mich nicht erinnern, dass ich Hunger gelitten hätte.

Der Vater hat es auch mit Hamstertouren versucht. Aber dafür war er nicht sonderlich begabt. Einmal ist er ohne irgendetwas zurückgekommen. Die Zeiten waren nicht einfach. Dennoch musste ich keine Not leiden.

Das Verhältnis zwischen meinem Vater und Mutter war gut. Aber meine Mutter wurde auch schnell eifersüchtig. Daran kann ich mich gut erinnern. Das konnte ich nicht verstehen. Da habe ich mich immer auf die Seite meines Vaters geschlagen, habe ihm Recht gegeben, wenn sie ihm Vorhaltungen gemacht hat.

Ich habe noch einen jüngeren Bruder. Er ist Arzt, Chirurg, wohnt in Ludwigshafen. Aber er ist ganz und gar Saarländer geblieben. Wir waren im Grunde zwei Einzelkinder. Als ich ins Kloster eintrat, war er elf Jahre alt. Ich habe mich als große Schwester gern um ihn gekümmert, habe ihm Schokolade gegeben, an der er fast erstickt ist, habe ihn gerne im Kinderwagen im nahe gelegenen Wald ausgefahren – auch wenn ich ihn einmal auf matschigem Boden umgekippt habe.

Ich hätte so gerne noch mehr Geschwister gehabt! Und Kinder später auch. Oft habe ich die kleinen Kinder von anderen Leuten bei uns in der Straße spazierengefahren.

## Ich wollte ins Kloster – und in die weite Welt

1953 habe ich eine Banklehre angefangen. Mein Vater wollte das. Er war Bauunternehmer. Sicher dachte er daran, dass ich einmal sein Geschäft übernehmen würde. Als die Bank in Paris eine Filiale gründete, ging ich mit dorthin. Auch deswegen, weil ich gut Französisch konnte.

Ein Jahr lang lebte ich in Paris. Ich habe damals viel Geld verdient. Damit habe ich meine Aussteuer für das Kloster zusammengespart – weil mir schon ganz klar war, dass ich eintreten wollte. Ich bin dann zurück nach Saarbrücken, weil ich vor dem Eintritt ins Kloster noch eine Zeit lang mit meinen Eltern zusammensein wollte.

Als ich gekündigt habe, hat mich mein Chef gefragt, ob ich nicht doch wieder nach Paris zurückwollte? Das habe ich abgelehnt. Auf die Frage, warum ich kündigen wollte, habe ich, vortäuschend, geantwortet: »Ich will einen sozialen Beruf ergreifen.« Ich konnte nicht verraten, dass ich die Absicht hatte, ins Kloster zu gehen, weil ich nicht die Blamierte sein wollte, falls mich die Ordensgemeinschaft wieder wegschickte.

Ich habe mir ein Heft gekauft, in dem die Klöster in Deutschland verzeichnet waren. Dann habe ich verschiedene Missionsgemeinschaften angeschrieben, unter anderen die Steyler Missionarinnen* und eben auch die Weißen Schwestern. Die hatten ihr Mutterhaus in Trier.

An einem Freitag bekam ich die Antwort von den Weißen Schwestern aus Trier. Und am Tag darauf haben wir den Betriebsausflug der Bank nach Trier gemacht! Das fand ich irgendwie witzig. – Oder war es vielleicht auch Fügung?

Eine Nacht habe ich auf dem Betriebsausflug noch durchgetanzt. Am nächsten Morgen bin ich dann zu den Weißen Schwestern. In meinem Tanzkleid, einem schicken Modellkleid aus Paris, schwarz, mit grünen Rosen. Und ich trug Schuhe mit hohen Absätzen. Was müssen die im Kloster dabei gedacht haben, als sie so eine komische Nudel an ihrer Pforte sahen!? Mir wurde dann angeboten, wenn der Gedanke an einen Eintritt weiter lebendig bliebe, dass ich es doch einmal versuchen sollte.

## Der Vater tobte, die Mutter heulte

Am nächsten Tag, Montag, habe ich kurz vor Arbeitsschluss, fünf vor fünf, beim Personalchef der Bank meine Kündigung ausgesprochen. – Als ich dann nach Hause kam, Vater und Mutter waren gerade in der Küche, sagte ich ganz unvermittelt: »Ich gehe ins Kloster! Habe auch schon gekündigt!« Mein Vater tobte, meine Mutter hat geheult.

Wir haben dann in den Wochen danach noch ein paar Ausflüge miteinander gemacht. Wenn wir etwas Schönes sahen, hat der Vater immer gesagt: »Schau, das alles wirst du bald nicht mehr sehen!« Damit wurde auch seine Vorstellung von Kloster offenbar.

Aber er hat mich dann doch mit dem Auto zum Kloster gebracht. Das ließ er sich nicht nehmen.

Die Begrüßung an der Pforte war freundlich. Die Eltern wurden ins Besucherzimmer gesetzt, während ich sofort in andere Kleider gesteckt wurde. Ich kam zurück in einem langen, schwarzen Kleid und mit einem komischen

Tuch um den Kopf. Zu meinem Vater sagte ich: »Schau mal Papa, jetzt sieht man meine dicken Beine nicht mehr!« Eine Schwester hat meinem Vater einen Schnaps angeboten. Das hat ihn augenblicklich mit dem Kloster versöhnt, weil er sah, dass »die dort« doch nicht ganz so verrückt waren, wie er es sich vorgestellt hatte.

Komisch fand ich, dass ich den ersten Besuch zu Hause nach zwei Jahren nur in Begleitung einer älteren Schwester machen durfte. Auch wenn ich mich gut mit ihr verstand: Ich empfand das damals als mangelndes Zutrauen. Die Schwestern wollten zeigen, dass ich in eine neue Familie aufgenommen worden war.

## Treue hat viele Facetten

Ich wollte ja in die weite Welt. Nun war ich im Kloster. Manchmal habe ich mich in der ersten Zeit schon gefragt, ob es richtig war, was ich da »gemacht« hatte? – Keine Kinder! Keinen Mann! Das war schon auch traurig. Ich musste mich natürlich erst einmal an das andere Leben gewöhnen, fragte mich, ob ich das Ganze ein Leben lang durchhalten würde. Für die anderen, die eingetreten waren, war das aber auch so. Das war ja normal. Aber es war, ganz offen gesagt, auch ein Bruch, der harte Zeiten zur Folge hatte. Ich habe mir aber auch gesagt: Wenn ich mich für einen Mann entschieden hätte, wäre das genauso. Ich hätte mich für *einen* Mann entschieden – und für keinen anderen. Und wenn ich später einem Besseren begegnet wäre, hätte ich verzichtet. So war ich erzogen, geprägt, aufgewachsen: Wenn man sich für eine Sache oder einen Menschen entschieden hatte, konnte man nicht mehr eine andere oder einen anderen wählen. Basta!

Dass das heute ganz anders geworden ist, finde ich nicht unbedingt gut. Die Zuverlässigkeit des »Ich-steh-an-deiner-Seite« ist mir ganz wichtig. Meine Überzeugung ist: Eine Entscheidung fordert immer auch Verzicht. Man hat doch, auch wenn es schwierig wird, einen Menschen geliebt, man hat doch Werte in ihm gesehen, Liebenswürdigkeiten. Die Entscheidung, ins Kloster zu gehen, ist gekoppelt an den Verzicht auf Mann und Kinder. Man muss daran arbeiten, dass die Entscheidung lebendig bleibt! Das fällt einem nicht in den Schoß. Ich habe bewusst auf Familie verzichtet – und bekam sie vor 30 Jahren dann doch geschenkt.

Treue hat auch andere Dimensionen. Sie ist nicht nur auf Sexualität beschränkt. Treue bedeutet doch auch, den anderen sich entwickeln zu lassen, ihm weiterzuhelfen. Das ist auch Erziehungssache, denke ich. Heute läuft so vieles nur auf das Sexuelle und auf »Spaß haben« hinaus! Das ist für mich problematisch. Aber auch für die Jüngeren, wie ich manchmal sehe und erfahre. Ich habe mit SOLWODI im Pfarrhaus in Boppard-Hirzenach Aufnahme gefunden. Pater Fritz Köster, der Priester der Pfarrei, wollte auch die Kinder der Frauen, die SOLWODI betreut, gut versorgt wissen. Und so haben vier Kinder im Pfarrhaus Aufnahme gefunden, damit die Mütter eine Ausbildung machen konnten. – Der ganze Bereich an Themen, den die Frauen heute mitbringen, ist sehr komplex.

Die Frauen kommen aus unterschiedlichen Notlagen zu SOLWODI. Immer aber ist Gewalt im Spiel. Vor Kurzem war eine Ärztin, Psychotherapeutin, Traumatologin bei mir. Sie hatte mich im Internet gefunden. Bislang hatte sie nur Frauen behandelt, Prostituierte, die traumatisiert waren. Nun ging ihr auf, dass die Käufer von Sex auch krank sind. Sexsucht ist eine Sucht wie andere Süchte, etwa Drogen- oder Alkoholsucht. Es ist erschreckend, welches Elend dadurch in vielen Familien ausgelöst wird.

Mit dem Eintritt ins Kloster habe ich mich für ein konzentriertes Leben nach dem Evangelium entschieden. Das fordert auch eine kritische Unterscheidung im Inneren und Äußeren. Eine persönliche Entscheidung. Auch in einer nach einer verbindlichen Regel lebenden Gemeinschaft.

## »Wir Schwestern machen das«
## Leben im Orden

### Erwachsene Menschen – auch als Ordensfrauen

Die andauernde Krise der Orden in der katholischen Kirche besteht für mich darin, dass sie nicht mehr offen sind für die Menschen, wie sie *heute* leben. Einiges ist jedoch in Bewegung geraten und bewegt sich weiter. Allerdings bei rasant schwindenden Mitgliederzahlen und immer weniger Eintritten. Es wird noch lange dauern, bis die Krise überwunden ist.

Bei einer Entscheidung für das Leben in einer Ordensgemeinschaft geht es zentral um das Leben des Einzelnen, weniger um »Macht«-Ansprüche, die blinden Gehorsam fordern. Darauf habe ich immer wieder aufmerksam gemacht.

Ich erinnere mich an eine Auseinandersetzung mit einem Pater, dem ich diese Meinung darlegte. Er wurde richtig wütend: »Schwester, wenn Sie das so sehen, dann frage ich mich, warum sie überhaupt noch im Kloster sind? Wir haben Statuten, die legen wir unseren Kandidaten vor. Dann können sie sehen, wie es bei uns läuft, und dann entscheiden sie sich.« Ich fragte ihn daraufhin: »Warum machen Sie dann alle paar Jahre Ihre Versammlungen, Ihre Generalkapitel, bei denen Sie überlegen, ob die Statuten noch richtig und zeitgemäß sind? Wir Schwestern machen das.« Seine Antwort: »Entschuldigung! Ich habe mich verrannt!« – Mit Vergnügen habe ich ihm die Lossprechung erteilt. Eine angenommene Entschuldigung ist ja auch so etwas Ähnliches wie eine Absolution nach der Beichte.

Ich konnte in meiner Gemeinschaft immer kritische Anmerkungen machen. Das habe ich geschätzt und meine Sicht vertreten. Die konnten mich auch nicht mehr so leicht entlassen, weil ich ja die »Ewigen Gelübde« abgelegt hatte: für immer ein Leben zu führen in Armut, Keuschheit und Gehorsam. In meiner Gemeinschaft werden die Ewigen Gelübde nach acht Jahren der Prüfung gemacht. Ich habe sie in Butare in Ruanda abgelegt.

## Armut

Weh denen, die unheilvolle Gesetze erlassen und unerträgliche Vorschriften machen, um die Schwachen vom Gericht fernzuhalten und den Armen meines Volkes ihr Recht zu rauben, um die Witwen auszubeuten und die Waisen auszuplündern.
*Altes Testament, Prophet Jesaja 10,1–2*

Wenn du beobachtest, dass in der Provinz die Armen ausgebeutet und Gericht und Gerechtigkeit nicht gewährt werden, dann wundere dich nicht über solche Vorgänge: Ein Mächtiger deckt den andern, hinter beiden stehen noch Mächtigere.
*Altes Testament, Kohelet 5,7*

Er hat mich gesandt, damit ich den Armen eine gute Nachricht bringe.
*Neues Testament, Lukasevangelium 4,18*

Denn ich war hungrig, und ihr habt mir zu essen gegeben; ich war durstig, und ihr habt mir zu trinken gegeben; ich war fremd und obdachlos, und ihr habt mich aufgenommen; ich war nackt, und ihr habt mir Kleidung gegeben; ich war krank, und ihr habt mich besucht; ich war im Gefängnis, und ihr seid zu mir gekommen.

*Neues Testament, Matthäusevangelium 25,35–36*

## Die Güter dieser Welt gehören allen

Armut heißt für mich: Respektvoll, achtsam, unterscheidend mit den Gütern dieser Welt umgehen.

Alles, was wir haben, alles, was die Erde uns gibt, sehe ich als ein Geschenk an. Und ich gehe vorsichtig, rücksichtsvoll und sorgsam damit um. Gerade auch in kleinen Dingen.

Ich schöpfe mir nicht den Teller voll und werfe den Rest, den ich nicht mehr essen kann, weil ich schon satt bin, nicht in den Abfall. Das kann ich gar nicht! Und wenn die Augen einmal größer waren als der Appetit, muss ich den Teller leer essen. Dann lasse ich die nächste Mahlzeit eben ausfallen.

Die Güter dieser Welt, den Reichtum unserer Erde sehe ich als ein Geschenk für *alle* an. Das ist mir besonders wichtig. Mich regt es wahnsinnig auf, wenn zehn stinkreiche Familien über 80 Prozent aller Güter auf der Welt verfügen – und die anderen den Rest unter sich aufteilen müssen. Das ist für mich ein Unrecht, das zum Himmel schreit. Das ist schlicht und einfach Raub. Was auf der Erde ist, gehört allen, und wir müssen respektvoll damit umgehen und bereit sein zum Teilen. Das ist mein Grundverständnis von freiwillig gelebter Armut.

Ich kleide mich gern schick und elegant. Aber was ich mir kaufe, trage ich lange Jahre. Ich kaufe mir einmal etwas und trage es aus. Ich ziehe auch die getragenen Kleider einer Freundin an, die diese nicht mehr braucht. – Das ist meine Form von Nachhaltigkeit.

Ein anderes Beispiel: Ich kenne einen Gemüsehändler. Dem gebe ich 50 Euro im Monat. Er gibt mir dafür jeden Samstag eine oder zwei Kisten mit Gemüse und anderen Lebensmitteln, die wir dann zusammen mit einer Familie mit fünf Kindern und den Bewohnerinnen und Bewohnern des Fluchthauses in Boppard-Hirzenach verbrauchen. Das muss nicht von einer Top-Qualität sein. Das Gemüse und das Obst können auch Runzeln und Flecken haben. Ich nehme auch schadhafte Sachen und Randstücke. Sie sind für mich gut genug. Alles hat seinen Wert. Das ist meine Form von Armut. Das ist Nachhaltigkeit in einer Gesellschaft des Überflusses.

Dazu passt auch folgende Geschichte:

Vom griechischen Philosophen Platon (428–348 v. Chr.) wird erzählt, dass er ab und zu seine Philosophenschule in Athen verließ und für mehrere Stunden in der Stadt verschwand. Den Schülern erschien das seltsam und geheimnisvoll. Sie hätten gerne gewusst, was ihr Lehrer in der großen Stadt unternimmt. Eines Tages fassten sie Mut und fragten ihn direkt, was er in den Stunden seiner Abwesenheit mache. Plato antwortete ihnen kurz und knapp: »Ich gehe durch die großen Magazine im Hafen von Piräus und schaue alles an und sehe, was ich nicht zum Leben brauche.«

Ich kann nicht vollmundig behaupten, dass ich radikal arm lebe. Ich lebe bescheiden und nachhaltig. Deswegen muss ich nicht in Lumpen herumlaufen. Aber man sieht mich im Kloster nicht als Vorbild! Einzelne Schwestern vielleicht. Aber nicht unbedingt die Oberen.

## Ehelosigkeit

Du sollst nicht die Ehe brechen.
*Altes Testament, Exodus 20,14*

Trägt man denn Feuer in seinem Gewand, ohne dass die Kleider in Brand geraten? Kann man über glühende Kohlen schreiten, ohne sich die Füße zu verbrennen? So ist es mit dem, der zur Frau seines Nächsten geht. Keiner bleibt ungestraft, der sie berührt. Verachtet man nicht den Dieb, auch wenn er nur stiehlt, um sein Verlangen zu stillen, weil er Hunger hat? Wird er ertappt, so muss er siebenfach zahlen, den ganzen Besitz seines Hauses geben. Wer Ehebruch treibt, ist ohne Verstand, nur weil er sich selbst vernichten will, lässt er sich darauf ein. Schläge und Schande bringt es ihm ein, unaustilgbar ist seine Schmach. Denn Eifersucht bringt den Ehemann in Wut, er kennt keine Schonung am Tag der Rache.
*Altes Testament, Sprichwörter 6,27–32*

## Jeder hat seine Gnadengabe von Gott

Ich sage statt Keuschheit heute lieber Ehelosigkeit. Keuschheit ist ein altmodischer Begriff, der heute nur noch schwer verstanden wird und mit vielen Klischees und Vorurteilen belastet ist. Er ist in seiner allgemein üblichen Bedeutung auf die Intimität des Körpers bezogen. Ich denke, man sollte auch in einer Ehe »keusch« leben, indem man respektvoll miteinander umgeht.

Keuschheit heißt für mich als Ordensfrau der Verzicht auf körperliches Zusammensein mit einem Partner. Es heißt aber auch, dass man mit seinem Körper respektvoll umgeht. Wenn ich sehe, wie sich heute manche junge Frauen kleiden, dann finde ich das eher schamlos. Wir leben in einer schamlosen Gesellschaft. Nicht nur auf den Körper und die Sexualität bezogen. Keuschheit beziehe ich zum Beispiel auch auf den Umgang mit Tieren und mit den Gütern dieser Welt. Schon den Gedanke daran, die Vorstellung, dass viele Menschen morgens, mittags und abends Fleisch essen, finde ich widerlich. Das empfinde ich als einen schamlosen Umgang mit der Schöpfung. Alles ist in unserer Gesellschaft so leicht zu haben. Alles ist gleich-gültig. Man schämt sich nicht mehr. Der Respekt ist verlorengegangen.

Ich habe ein Gelübde abgelegt, dass ich mich ganz Gott weihe. So wie ich bin, ganz. Um da zu sein für andere. Um offen zu sein für andere. Davon mache ich keine Abstriche.

Wenn ich lieber Ehelosigkeit statt Keuschheit sage, dann bringe ich damit auch zum Ausdruck, dass ich auf die Zweisamkeit mit einem Mann oder mit einer Frau verzichte. Ich sage damit: »Lieber Gott, ich habe ganz auf dich gesetzt. Lass mich bloß nicht hängen!«

Während meines Studiums war ich eng mit einem Mitstudierenden befreundet. Wir sind zusammen ins Theater gegangen und haben viel miteinander unternommen. Intim waren wir nie – und doch hatten wir eine enge Freundschaft. Er ist später Priester geworden und hat sich bei mir bedankt, dass ich ihm auf diesem Weg geholfen habe. Nie hätte ich es fertigbekommen, einen Priester von seinem Beruf abzubringen. Davon war auch nie die Rede zwischen Pater Köster und mir. Wir haben lange Zeit unter einem Dach gelebt, haben Kinder großgezogen. Aber wir sind beide bei unseren Gelübden geblieben, für andere ganz da zu sein. Ich bestreite auch niemals, dass man das auch ohne die Gelübde sein kann. Da muss jeder und jede den eigenen Weg in eigener Entscheidung und Verantwortung finden. Und wenn er oder sie ihn gefunden hat, auch entschieden gehen.

Alles zusammengenommen: Durch meine Gelübde habe ich mich ganz in den Dienst des Evangeliums gestellt. Sicher: Das können andere auch, keine Frage! Aber ich habe eine verschärfte Form gewählt, bin in eine Gemeinschaft eingetreten, in der wir alle zusammen so gelebt haben und leben wollten und heute noch leben.

Bei allen drei Gelübden gilt für mich: Ich muss nicht alles haben, was es gibt und was möglich ist. Das heißt auch Verzicht. Aber auch das ist heute ein abgenutztes Wort. Für mich ist Verzicht positiv besetzt. Ich verzichte, damit alle etwas haben. Nicht nur ich.

Auf die Ehelosigkeit angewandt heißt das: Sich ganz radikal, von der Wurzel her, in den Dienst nehmen lassen. Und auf die körperliche Liebe freiwillig verzichten. Auch darauf verzichten, gemeinsam Kinder zu bekommen. Das ist eine Frage der persönlichen Entscheidung und Verantwortung. Sie hat persönliche Konsequenzen. Nebenbei gesagt: Mit 50 Jahren habe ich es als sehr schmerzlich empfunden, keine eigenen Kinder gehabt zu haben. Aber: Ich habe dadurch auch viel gewonnen, bin freier und unabhängiger geworden und habe später ja dann in gewisser Weise doch Kinder geschenkt bekommen.

## Gehorsam

Wenn du auf die Gebote des Herrn, deines Gottes, auf die ich dich heute verpflichte, hörst, indem du den Herrn, deinen Gott, liebst, auf seinen Wegen gehst und auf seine Gebote, Gesetze und Rechtsvorschriften achtest, dann wirst du leben.
*Altes Testament, Deuteronomium 30,16*

Wenn ihr mich liebt, werdet ihr meine Gebote halten.
*Neues Testament, Johannesevangelium 14,15*

Petrus und die Apostel antworteten: Man muss Gott mehr gehorchen als den Menschen.
*Neues Testament, Apostelgeschichte 5,29*

## Die Suche nach Gott braucht einen Freiheitsraum

Der Sinn des Gehorsams liegt für mich vor allem im Gehorsam Gott gegenüber. Der Gehorsam dem Oberen und der Oberin gegenüber ist ein anderer Gehorsam. Innerhalb einer Gemeinschaft, die das Ziel hat, Gott gegenüber gehorsam zu sein, sind wir alle zum Gehorsam Gott gegenüber verpflichtet. Dazu brauchen wir Regeln, damit wir uns in der Gemeinschaft wohlfühlen und angemessen leben können.

Der Gehorsam Gott gegenüber ist das Prägende und das Zentrale. Wenn ich eine andere Vorstellung von Gehorsam Gott gegenüber habe als die Oberin, dann ist das meine persönliche Sache. Das mögen manche Oberinnen in der Vergangenheit anders gesehen haben. Daraus resultierten dann auch gewisse Fehlentwicklungen im Laufe der Kirchen- und Ordensgeschichte. Ich muss Gott mehr gehorchen als den Menschen. Wenn ich das sage, bemerke ich sofort, dass das gar nicht so einfach ist. Denn wir sind ja alle, nicht nur gemeinsam, nicht nur in einer Gemeinschaft auf der Suche nach Gott. Wenn der Begriff Gottes eindeutig auf eine Tafel geschrieben werden könnte, dann wäre das ganz einfach. So ist es aber gerade nicht. Menschen, die nach Gott suchen, kommen ja individuell von ganz unterschiedlichen Richtungen her, sind so oder anders. Aber wir haben ein göttliches Gen in uns und sind alle auf der Suche nach dem Ursprung. Der Mensch ist von Natur aus religiös. Davon bin ich überzeugt.

Wir sind in das Christentum hineingeboren. Das haben wir uns nicht aussuchen können. Aber dadurch haben wir schon viele Vorstellungen, viele Bilder mitbekommen, wie Gott sein könnte.

In Jesus haben wir sogar ein Vorbild dafür, was es heißt, Mensch zu werden. Jesus zeigt uns, was es heißt, ein Mensch zu sein. In Jesus wird uns gezeigt, wie Gott uns gedacht hat »nach seinem Bild und Gleichnis«, als friedenstiftendes, gerechtes und barmherziges Wesen.

Jesus hat keine großen Traktate und theoretischen Überlegungen geschrieben, sondern er fragt uns ganz direkt: Wie ist es denn mit der Nächstenliebe? Er zitiert nicht den Vollzugsparagraphen soundso, sondern er sagt uns: Da ist einer unter die Räuber gefallen!

Gehorsam ist viel komplexer als »Mach jetzt das!« oder »Gib jetzt Unterricht!« Gehorsam heißt, dass du unverzüglich zu dem hingehst, der unter die Räuber gefallen ist.

Ich habe das Glück, dass meine Oberen mich zwar nicht als Vorbild sehen, aber mich machen lassen.

Die Suche nach Gott und das Horchen auf ihn brauchen einen Ermessensspielraum, einen Raum der Freiheit, der nicht von außen reguliert werden kann. Da habe ich in meiner Ordensgemeinschaft auch Vorbilder. Den Gründer dieser Gemeinschaft zum Beispiel, Kardinal Lavigerie*. Er hat in seiner Zeit entdeckt, dass es Menschenhandel und Sklaverei gibt. Er ist durch Europa gezogen und hat ganz handfest die Sklaverei bekämpft, hatte wesentlichen Anteil an den Gesetzen gegen den Sklavenhandel. Wie er mit Frauen umging, finde ich allerdings nicht so toll.

Für mich funktioniert Gehorsam nicht nach dem Muster von »Befehl und Ausführung«. Eher nach dem Muster von »Auftrag und Gehorsam«. Einem Befehl muss ich buchstäblich Folge leisten, koste es, was es wolle. Bei der Durchführung eines Auftrages habe ich Ermessenspielräume, die sich aus der Situation, in die ich komme, und aus den Grenzen und Möglichkeiten, die ich habe, fast zwangsläufig ergeben.

Die Frage nach dem Gehorsam Gott gegenüber ergibt sich für mich letztlich, aber auch erstlich, aus der Wahrnehmung der großen Probleme unserer Zeit, der »Zeichen der Zeit«, wie es in der Bibel heißt, und dem daraus folgenden unbedingten Willen, zur Lösung dieser Probleme beizutragen.

Daraus ist SOLWODI entstanden. Der Menschenhandel, die Zwangsprostitution sind große Probleme unserer Zeit. Gegen sie zu kämpfen, bedeutet für mich Gehorsam Gott und dem Stifter unserer Gemeinschaft gegenüber.


## Gott redet durch Menschen

Dass ich richtig »gehört« habe, dass ich gehorsam war und bin, zeigt die Entwicklung der Arbeit von SOLWODI. Als ich in Mombasa angefangen habe, hatte ich kein Geld. Ich hatte nicht einmal ein Taschengeld. Ich hatte rein gar nichts. Es war nur ein altes Fahrrad da, das ich aus dem Keller geholt habe. Auf ihm zu fahren, war lebensgefährlich. Eine Schreibmaschine besaß ich auch nicht. Sie ist mir geschenkt worden. Ich habe auch ein Auto zur Verfügung bekommen. Immer mehr habe ich geschenkt bekommen. So fing das buchstäblich aus dem Nichts an, ist wunderbar mehr und mehr geworden, ist gewachsen bis heute und wächst weiter.

Die Entwicklung von SOLWODI zeigt mir: Ich bin auf dem richtigen Weg und habe durchaus Anlass zu der Annahme, dass ich gehorsam Gott gegenüber war und bin, weil ich gehorsam, hinhorchend war auf ein Problem, auf ein Zeichen der Zeit.

Gott redet durch Menschen und Ereignisse, durch die Zeichen der Zeit. Da brauche ich keinen großen, fein durchdachten theologischen Überbau. Ich höre auf Gott, indem ich auf die Menschen höre. Gott hat Interesse an den Menschen.

Ein afrikanisches Sprichwort sagt: »Das, was du tust, schreit so laut, dass ich das, was du sagst, nicht mehr höre.«

## Das Beispiel vom barmherzigen Samariter

Da stand ein Gesetzeslehrer auf, und um Jesus auf die Probe zu stellen, fragte er ihn: Meister, was muss ich tun, um das ewige Leben zu gewinnen? Jesus sagte zu ihm: Was steht im Gesetz? Was liest du dort? Er antwortete: Du sollst den Herrn, deinen Gott, lieben mit ganzem Herzen und ganzer Seele, mit all deiner Kraft und all deinen Gedanken, und: Deinen Nächsten sollst du lieben wie dich selbst. Jesus sagte zu ihm: Du hast richtig geantwortet. Handle danach und du wirst leben. Der Gesetzeslehrer wollte seine Frage rechtfertigen und sagte zu Jesus: Und wer ist mein Nächster? Darauf antwortete ihm Jesus: Ein Mann ging von Jerusalem nach Jericho hinab und wurde von Räubern überfallen. Sie plünderten ihn aus und schlugen ihn nieder; dann gingen sie weg und ließen ihn halb tot liegen. Zufällig kam ein Priester denselben Weg herab; er sah ihn und ging weiter. Auch ein Levit kam zu der Stelle; er sah ihn und ging weiter. Dann kam ein Mann aus Samarien, der auf der Reise war. Als er ihn sah, hatte er Mitleid, ging zu ihm hin, goss Öl und Wein auf seine Wunden und verband sie. Dann hob er ihn auf sein Reittier, brachte ihn zu einer Herberge und sorgte für ihn. Am andern Morgen holte er zwei Denare hervor, gab sie dem Wirt und sagte: Sorge für ihn, und wenn du mehr für ihn brauchst, werde ich es dir bezahlen, wenn ich wiederkomme. Was meinst du: Wer von diesen dreien hat sich als der Nächste dessen erwiesen, der von den Räubern überfallen wurde? Der Gesetzeslehrer antwortete: Der, der barmherzig gehandelt hat. Da sagte Jesus zu ihm: Dann geh und handle genauso!

*Neues Testament, Lukasevangelium 10,25–37*


## Denen helfen, die unter die Räuber gefallen sind

Jesus hat es doch auch so gemacht. Er hat nicht von einer Eingebung Gottes gesprochen, als er von dem Mann erzählte, der unter die Räuber gefallen war, sondern hat die Herausforderung benannt, die sich aus der schlichten Tatsache ergeben hat, dass eben einer unter die Räuber gefallen war. Es war auch nicht ganz einfach, diesem Opfer zu helfen, denn die Räuber hätten ja noch in der Nähe sein können. Es ist also auch ein Risiko dabei. Und tatsächlich laufen ja in der Geschichte auch zwei vorbei, die sicher gute Gründe haben, warum sie vorüberlaufen. Der eine geht zum Gottesdienst. Das ist ja auch wichtig. Der zweite, der Levit, geht auch vorbei. Auch er wird seine Gründe gehabt haben. Der dritte aber, der Samariter, hat nicht lange gefragt: Ist das jetzt der Ruf Gottes oder nicht? Er hat die Situation wahrgenommen, für wahr genommen – und hat richtig reagiert. Er goss Öl und Wein auf die Wunden des Opfers.

Ich komme noch einmal auf mein Gottes-Gen zurück. Leider muss ich sehen, dass heute wieder viele Menschen auf der Flucht sind, weil mit den Waffen, die wir geliefert haben, auf sie geschossen wird, dass wir die Meere leerfischen, dass wir daran beteiligt sind, wenn das Coltan* aus der Erde geholt wird, dass wir die Erde verpesten, so dass wir auf ihr nichts mehr anbauen können, dass wir die Regenwälder abholzen, damit wir schöne Möbel in unsere Wohnungen stellen können. Und jetzt kommen diese Menschen in großer Zahl zu uns. Sie wurden auch durch unsere Schuld in die Not getrieben. Und siehe: Die einfachen Leute haben ein Herz, sie helfen sofort, fragen nicht lange, sie helfen in der Not. Sie haben etwas begriffen. Die, die ihre Macht verteidigen, kommen nicht auf den Trichter, sofort zu helfen.

Gott spricht nicht zu jedem Einzelnen oder gibt ihm Visionen ein. Er wirkt durch Menschen, welche die Not sehen und ohne lange Diskussionen und Einwände unverzüglich handeln.

Wenn ich an Gott glaube, brauche ich keine Visionen. Ich handle. Und wenn ich handle, dann ist das die konkrete Antwort auf seinen Anruf. Das Leuchten in den Augen der Frauen. Menschen, denen ich helfen konnte, zeigen mir, dass »es« richtig war, ja, im Sinne Gottes war.

# Weit genug entfernt und fremd genug
## Schicksalskontinent Afrika

### Ich wollte raus

Ich bin ganz bewusst in die Ordensgemeinschaft der Weißen Schwestern eingetreten, weil ja in den Konstitutionen dieses Ordens festgeschrieben war, dass alle Schwestern nach Afrika gehen müssen. Das war mir eine große Beruhigung. Es konnte mir nicht gesagt werden: »Jetzt haben wir eine wichtige Aufgabe in Deutschland für dich und du musst hierbleiben!«

Meine Entscheidung war schon vor dem Eintritt gefallen. Auf jeden Fall wollte ich nicht in Deutschland und Europa bleiben. Ich wollte raus. Und Afrika war mir weit genug entfernt und fremd genug.

Meine erste Stelle trat ich 1967 in Ruanda* an, in Zentralafrika, früher, in der Kolonialzeit, ein Teil von Deutsch-Ostafrika. Ich blieb dort fünf Jahre lang. Im ersten Jahr habe ich Kinyarwanda, die einheimische Sprache, gelernt. 1972 bin ich zum ersten Mal nach Deutschland zurückgekehrt.

Zuerst war ich Lehrerin an der Internats-Mittelschule für Mädchen und am angeschlossenen Lehrerinnen-Seminar, einem Ausbildungszentrum in Nyanza. 1970 wurde ich Direktorin beider Einrichtungen. Unsere zukünftigen Lehrerinnen besuchten zuerst drei Jahre lang die Mittelschule. Dann gingen sie für zwei Jahre in das Lehrerinnen-Seminar. Sie waren fast so »alt« wie die Schülerinnen, die sie nachher unterrichten mussten. Ich stellte fest, dass unsere angehenden Lehrerinnen im Internat noch nicht so viel Lebenserfahrung hatten wie ihre zukünftigen Schülerinnen, die »draußen« lebten. Das konnte so nicht weitergehen, dachte ich mir. Deswegen habe ich dann die Ausbildungszeit der Lehrerinnen um zwei Jahre durch eine Art höhere Schule verlängert und dadurch auch den Weg für ein anschließendes Universitätsstudium ebnen können.

Mir hat meine Arbeit in Ruanda sehr gut gefallen. Ich konnte einige Neuerungen einführen. Und ich war in einem dichten Gesprächskontakt mit den Schülerinnen.

Zum Beispiel sind wir samstags mit den ältesten Schülerinnen immer raus in die Umgebung. Wir besuchten die Leute und konnten dadurch erfahren, welche Sorgen sie hatten, was ihnen fehlte zu einem guten Leben und wie wir ihnen wirksam helfen können. Wir haben Feuerholz gesammelt für alte Menschen. Wir haben einer alten Frau ein Haus aus Lehm gebaut. Wir haben gezeigt, wie man in einer Feuerstelle im Boden Brot backen kann. Oder wir haben in der Schule mit den älteren Schülerinnen gekocht und gegessen. Auf diese Weise lernten die Schülerinnen, später einen modernen Haushalt zu führen. In dieser Zeit haben wir die Schule auch räumlich erweitert. Beim Bau haben die Schülerinnen und ich die Steine herangetragen.

Eines Tages saßen wir in einer Lehrerkonferenz. 18 Lehrerinnen und Lehrer, zum Teil Studienräte und Studienrätinnen aus Belgien, aber auch afrikanische, arbeiteten an der Schule. Ein afrikanischer Lehrer sagte auf dieser Konferenz, dass er gerne die Unterrichtsstunden nach mir haben möchte, damit er nach meinem Unterricht den Schülerinnen den Kopf wieder zurechtrücken könne. Ich habe ihm knapp geantwortet: »Ich bin hier die Direktorin und ich sage Ihnen, wann Sie Ihre Unterrichtsstunden haben. Ganz gewiss nicht nach mir!«

Zuerst habe ich gar nicht bemerkt, dass ich dadurch einen Beitrag zur Gleichberechtigung von Frauen gegenüber den Männern geleistet habe. Mir ist das erst später bewusst geworden. Am Anfang habe ich das Elend der Frauen auch außerhalb der Schule gar nicht gesehen. Das ist für mich heute noch unbegreiflich: Ich habe die Leute besucht, bin in Familien gewesen, habe die Not gesehen; einer Frau haben wir sogar ein Haus gebaut, ich habe aber das eigentliche, geschlechtsspezifische Problem nicht mitbekommen!

Ich habe mich in diesen Jahren in Ruanda sehr engagiert. Es war für mich eine sehr, sehr interessante Zeit mit den Schülerinnen dort.

Ursprünglich war nicht vorgesehen, dass ich je wieder nach Europa zurückkehren würde. Von der Ordensgemeinschaft her war ausgemacht: Wenn wir nach Afrika gehen, dann ist das ein Abschied fürs Leben. Aber es kam dann doch anders.

Wir hatten an unserer Schule keine Bibliothek, Bücher fehlten uns. Ich bat darum, dass ich wenigstens mal in den Ferien nach Europa fahren konnte, um Bücher und andere Sachen für die Schule zu beschaffen. Das wurde mir gestattet. Aber ich sollte dann auch eine Fortbildung machen.

Ich kam also zurück auf meinen Heimatkontinent, in mein Heimatland.

## Afrikanische Erfahrungen

Mein Empfinden ist, dass die Afrikaner und die Afrikanerinnen tief religiöse Menschen sind. Sie haben ein unzerstörbares Gottvertrauen. Auch wenn es ihnen sehr schlecht geht, verlieren sie dieses Vertrauen nicht. Das ist anders als bei uns in Europa.

Ich erinnere mich an eine Frau in Ruanda, der es wirklich sehr schlecht ging, die arm war, kaum was zum Überleben hatte. Wir haben sie besucht und ihr geholfen, so gut wir es vermochten. Es war nicht viel. Sie aber sagte zu mir: »Es ist wunderbar! Ich habe immer darauf gewartet, dass mir geholfen wird. Jetzt geschieht es. Gott hat mich nicht im Stich gelassen.«

Der Tod hat für die Menschen in Afrika keinen solchen Schrecken wie bei uns in Europa. Sie gehen ganz anders mit ihm um. Er ist in meiner Erinnerung geblieben: Der Mann, der krank zu uns Schwestern kam, irgendetwas holen wollte und sagte, dass er noch am selben Abend sterben werde. Er ist noch an diesem Abend gestorben. Die Menschen in Afrika haben ein feines Gespür für das Nahen des Todes.

Ich zitiere aus dem Kopf eine Strophe aus einem Gedicht von Birago Diop*:

>»Die Toten sind nicht tot«
>Erlausche nur geschwind
>Die Wesen in den Dingen.
>Hör' sie im Feuer singen,
>Hör' sie im Wasser mahnen
>Und lausche in den Wind:

*Der Seufzer im Gebüsch,*
*Das ist der Hauch der Ahnen.*

Das finde ich ganz wunderbar. Die Afrikaner geben uns zu verstehen: Die Toten wissen noch um uns.

Die Menschen auf dem Schwarzen Kontinent, von denen wir oft nur schlimme Nachrichten kennen, haben ganz tiefe religiöse Gefühle, Ahnungen, Empfindungen, die es bei uns in Europa nicht mehr gibt, die überlagert sind zum Beispiel von der technischen, von der kommunikationstechnischen Entwicklung. Eine Entwicklungshilfe, die darauf abzielt, »Aufklärung« zu betreiben, war und ist ein schwerwiegender Irrtum. Lange Phasen der christlichen Missionierungsversuche in Afrika waren es auch.

In meiner Doktorarbeit von 1977, die den Titel »Erziehung und Bildung in Rwanda – Probleme und Möglichkeiten eines eigenständigen Weges« trägt, schrieb ich:

*Die Globalisierung im amerikanischen und europäischen Sinne versucht vieles gleichzumachen was nicht gleichzumachen ist. Die Politik der* tabula rasa, *des »reinen Tisches«, die den Afrikanern ihr Wissen und ihre Kenntnisse nahm, ohne sie in relativ kurzer Zeit mit neuen Erfahrungen vertraut machen zu können, hatte im Letzten ihre Ursache im abendländischen Überlegenheitsbewusstsein über die gesamte übrige Welt wie auch im abendländischen Intellektualismus.*

Was wir in Europa brauchen: ein genaues Hinsehen, ein genaues und geduldiges Hinhören. Nicht sofort Urteile fällen! Nicht sofort Lösungen parat haben! Nicht schon alles wissen! Nicht alles sofort bewerten!

Viele Erfahrungen, die ich in Afrika schon vor so langer Zeit gemacht habe, sind mir heute noch ganz präsent. Sie haben sich tief in mich eingegraben.

## Wunderschön und lebensgefährlich

Ruanda ist ein wunderschönes Land. Es gibt dort hohe Berge, Vulkane und Reste undurchdringlicher Urwälder. Ich bin aus verschiedenen Anlässen viel mit dem Auto, aber auch auf der Ladefläche eines Lastwagens gereist. Das war nicht nur abenteuerlich, sondern manchmal auch lebensgefährlich wegen der zahlreichen Überfälle durch Banden oder marodierende Soldaten, die zu unvorstellbaren Grausamkeiten fähig waren.

Ich erinnere mich noch an eine Autofahrt von Kibuye am Kivu-See nach Nyanza, wo wir Schwestern wohnten und die Schule hatten. Kurz nachdem wir vom See weggefahren waren, war ein Auto vor uns. Es fuhr sehr langsam. Wir konnten es nicht überholen, weil die Straße zu schmal war. Ich schlug meiner Mitschwester vor, ein Picknick zu machen, in der Hoffnung, dass das Auto vor uns seinen Abstand vergrößern oder gar irgendwo abbiegen würde. Nach dem Picknick fuhren wir weiter. Wir kamen bald an einen Marktflecken. Dort sahen wir das Auto wieder. Vor dem Auto drei Männer. Nachdem wir an ihnen vorbeigefahren waren, stiegen sie schnell wieder ein und verfolgten uns. Ich sah keine andere Möglichkeit – abbiegen konnten wir nicht, da waren immer nur einzelne kleine Hütten, wo uns niemand hätte helfen können –, als aufs Gaspedal zu treten und mit der höchstmöglichen Geschwindigkeit zu fahren. Wir sind gerast, haben laut den Rosenkranz gebetet. Ich habe Todesängste ausgestanden. Bis vor den Eingang unserer Schule, deren Tor zu allem Überfluss noch verrammelt war. Als ich in höchster Angst nach hinten schaute, waren das Auto und die Männer plötzlich von der Bildfläche verschwunden. Wir konnten aufatmen – nach gut 60 Kilometern bedrohlicher Fahrt voller Todesängste!

Einmal habe ich am Ende eines Schuljahres einen Ausflug für unsere Schülerinnen organisiert. Sie kannten ja ihr eigenes Land nicht. Für sie gab es bis dahin in den Ferien nur den Weg nach Hause und am Ende der Ferien wieder den Weg zurück zur Schule. Sie sollten doch, meinte ich, unbedingt etwas von den Schönheiten ihres Heimatlandes kennenlernen!

Bei der deutschen Botschaft habe ich dafür einen Lastwagen mit Chauffeur organisiert. Wir brauchten nur den Chauffeur zu bezahlen. Der Lastwagen wurde uns unentgeltlich zur Verfügung gestellt. Die Mädchen kochten Marmelade, die wir an die Lehrer verkauft haben. Dadurch hatten wir ein bisschen Geld zur Verfügung. Dann haben wir die Strohsäcke, auf denen wir schliefen, und die Mädchen auf den Lastwagen geladen und sind losgefahren. Wir bereisten den Kagera-Nationalpark, dessen Fläche fast ein Drittel des Landes bedeckt. Dort konnte man damals noch sehr viele Tiere beobachten. Löwen, Büffel und Elefanten haben wir gesehen. Aber noch begeisterter waren die Schülerinnen von ihren einheimischen Kühen, die wir nach dem Verlassen des Parks gesehen haben. Die Kühe werden von den Ruandern sehr verehrt, sind fast heilige Tiere für sie. Es war wirklich wunderbar und abenteuerlich.

Die Afrikaner, jedenfalls die, die ich in Ruanda und Kenia kennengelernt habe, sind sehr intelligent. Sie lernen sehr schnell fremde Sprachen, schneller als die Menschen auf anderen Kontinenten. Und sie sind sehr gastfreundlich.

Ich habe in Afrika eigentlich nur gute Erfahrungen gemacht. Die negativen fielen nicht so ins Gewicht. Jedenfalls nicht so, dass sie mich nachhaltig bestimmten.

Was mich erschreckt hat, war, dass die Afrikaner, wenn ein paar Politiker durchdrehten und die Leute aufhetzten, sich mit unendlicher Grausamkeit gegenseitig umbrachten. Auch vor Kindern machten sie nicht halt. Dann war augenblicklich alles »weg«. Dieser plötzliche Umschlag von der sanften Freundlichkeit zum brutalen Blutrausch hat mich nachhaltig erschüttert. Daraus können Vorurteile entstehen. Das waren ganz entsetzliche Erfahrungen. Ich habe, als ich mit Rupert Neudeck* von Cap Anamur* und den Grünhelmen* unmittelbar nach den Unruhen in Ruanda war, noch die Leichen auf den Straßen liegen sehen. Wir haben Kinder getroffen, die miterleben mussten, wie ihre Eltern umgebracht wurden! Das war ganz schrecklich.

Aber wenn ich dann in unsere Breiten und in unsere deutsche Geschichte schaue: Wir sind ja auch ganz freundliche Menschen. Und dann kommt ein Adolf Hitler und wir erschlagen die Nachbarn, vernichten die Andersdenkenden, löschen die Juden aus, töten die Behinderten, führen Krieg, so dass kein Stein auf dem anderen bleibt. – Was sind wir für eine komische Spezies!, denke ich dann. Und frage mich: Wer ist eigentlich der Mensch? Wer sind wir?

Was für Wesen sind wir Menschen? Da wird es ganz grundsätzlich.

Wir Menschen sind von Gott geschaffen. Er hat uns die Möglichkeit gegeben, die Freiheit, das, was in uns angelegt ist, zu entfalten. Zur Möglichkeit unserer Freiheit gehört natürlich auch, unsere Möglichkeiten und Begabungen nicht zu entfalten und uns mit Dingen aufzuhalten, die nicht wertvoll und gut sind. Diese Gespaltenheit, diese Doppelgesichtigkeit von uns Menschen darf und kann man nicht wegreden. Aber wir haben eben auch die Möglichkeit und die Freiheit, uns zum Guten zu entscheiden. Das ist auch eine Tatsache. Oft bleiben wir aber dahinter zurück.

Aber noch einmal: Wir haben eine Wahl und wir können unsere Entscheidung treffen. Mit dieser Tatsache habe ich auch meine Schwierigkeiten. Aber ich denke, Gott hat uns auf der Welt so etwas wie eine Spielwiese gegeben. Was darauf gespielt wird, das müssen wir gestalten. Wir müssen es, biblisch gesprochen, auf das Reich Gottes hin gestalten. Ich hoffe, dass ich nicht in die Gefahr komme, mich angesichts der Fakten falsch zu entscheiden, das Böse zu wählen statt des Guten.

Ich denke in diesem Zusammenhang an die Straßenkinder in Nyanza. Ihnen begegnete ich am Samstag auf dem Markt der Stadt, wenn ich einkaufen ging. Sie klauen und schnüffeln Drogen. Wenn ich mit dem Auto ankam, umstellten sie sofort den Wagen. Ich teilte sie zur Bewachung ein. Zwei sollten vorne, zwei hinten den Wagen bewachen, zwei kamen mit mir zum Einkaufen. Mir ist nie etwas geklaut worden! Mein Auto hatte keine einzige Schramme! Nie ist ein Reifen aufgeschnitten worden! Ich habe ihnen ein wenig Geld dafür gegeben, habe sie auch mal im Auto eine Strecke mitgenommen, wenn ich sie in der Stadt traf. Viel Freude habe ich mit ihnen gehabt.

Hätten wir Besitz,
so müssten wir ihn verteidigen.
Weil wir aber nicht Gewalt anwenden wollen,
dürfen wir keinen Besitz haben.
*Franz von Assisi, aus einer Predigt*

## Hoffen auf die Auflösung der Widersprüche

Ich muss noch einmal auf die Frage der Wahl, die uns Gott gegeben hat, und damit auch auf die Frage nach Gott selbst zurückkommen.

Gott hat Macht. Aber er »nutzt« diese Macht zum Guten. In Gott kulminiert das, was gut, was aufbauend, was positiv ist. Das Böse in der Welt und in uns wirkt sich auch aus, sicher. Aber es kommt nie in diesen Kulminationspunkt, in diese Spitze, die in Gott ist und die Gott ist. Gott ist die Perfektion. Er ist »fertig«. Er ist vollkommen. Er befindet sich nicht mehr in Entwicklung. – Aber Vorsicht, sage ich dennoch! Wir kennen ihn ja nicht!

Wir Menschen sind wie Pflanzen, die wachsen, die sich entwickeln müssen – am besten zum Guten. Aber es kann auch etwas dazwischenkommen.

Ich habe die Vorstellung, ja den Glauben, dass es irgendwann zu einem großen und endgültigen Ausgleich kommt. Ich denke dabei an das, was mit dem Bild vom »Jüngsten Gericht« in der Bibel gemeint ist. Da werden alle Widersprüche aufgelöst, stelle ich mir vor. Aber davor haben wir die Möglichkeit, indem wir uns für das Gute entscheiden, einer möglichen Lösung nahezukommen – nicht alles kaputtzumachen. Da liegt die Geschichte von Kain und Abel ganz nah. Von Anfang an.

## Studieren für die Praxis
## Wieder in Deutschland

### Nachholbedarf

1972 bin ich wieder nach Deutschland zurückgekehrt. Der Anstoß dazu ging von mir aus, ich bat darum.

Glück hatte ich, dass wir in Trier zu diesem Zeitpunkt eine neue Provinzialoberin hatten. Im Gespräch mit ihr entwickelte ich meinen Plan: In Afrika war ich Direktorin einer großen Schule. Aber im Grunde war ich nicht als Direktorin ausgebildet. Eine ältere Mitschwester hat mir zwar immer wieder Hinweise und Ratschläge gegeben. Aber es fehlten mir die sicheren Grundlagen. Ich musste ja auch Beurteilungen über die Lehrer und Lehrerinnen schreiben. Im Kloster haben sie mich zur Direktorin ernannt, weil sie keine andere Schwester für diese Aufgabe hatten. Hätten sie irgendjemanden für diese Aufgabe gehabt, wäre ich nie zu meiner Stellung gekommen. Manche meiner Mitschwestern waren der Auffassung, dass ich diese Aufgabe niemals schaffen würde. Das wiederum war ein Ansporn für mich, denen zu zeigen, dass ich es doch schaffen würde. An dieser Herausforderung bin ich gewachsen. Habe alle meine kreativen Fähigkeiten eingesetzt. Aber ich musste kämpfen.

Mein Plan war, den Abschluss an der Universität in München zu erreichen. Ich hatte vor, den Magister zu machen. Dann habe ich aber gesehen, dass ich in der gleichen

Zeit auch eine Doktorarbeit schaffen könnte. Eine Promotion sieht besser aus als ein Magister.

In Rom hatte schon einige Jahre zuvor das Zweite Vatikanische Konzil (1962–1965) stattgefunden. Von ihm gingen starke theologische Impulse aus. Davon hatte ich nichts Wichtiges mitgekriegt. Deswegen kam ich mir theologisch auch ein wenig verloren vor.

Mir erschienen viele der Mitstudierenden, die ich in München traf, ziemlich »bekloppt«. Wurde in der Theologie früher vielleicht zu schnell vom lieben Gott gesprochen, kam er jetzt gar nicht mehr vor, sein Name wurde gar nicht mehr genannt.

Ich erinnere mich an ein dreitägiges Blockseminar außerhalb der Universität. Vor dem Essen wurde natürlich nicht mehr gebetet. Ich war ziemlich deprimiert angesichts der Änderungen in der religiösen Praxis in Deutschland. Da hatte ich etwas nicht mitbekommen.

In München lernte ich auch Pater Fritz Köster* kennen. Er hat sich nicht geniert, vor dem Mittagessen auch einmal laut zu beten oder zu sagen, dass er am Sonntag in die Kirche geht. Das kam mir wie eine Mutprobe vor – unter lauter Theologen. In Fritz Köster habe ich wenigstens jemanden erlebt, der mein Erstaunen, ja mein Erschrecken über diese Entwicklung verstehen konnte. Manchmal kam ich mir ganz altmodisch vor, weil ich noch regelmäßig betete und sonntags zur Messe ging. Die anderen waren schon ganz woanders auf dem Feld der religiösen Praxis.

Während der fünf Jahre des Studiums entstand auch meine Doktorarbeit. Das war eine gute Möglichkeit, die Erfahrungen, die ich in Afrika gemacht hatte, auszuwerten.

Aus diesem Grund war ich auch in Rom in der Zentrale unserer Ordensgemeinschaft. Dort konnte ich im Archiv die Briefe der ersten Schwestern, der Patres und auch des Ordensgründers studieren, die sie aus Afrika geschrieben hatten. Zu lesen, was sie dort, wo ich fünf Jahre gewesen war, in ihrer Zeit, erlebt hatten, das war für mich richtig spannend.

## Das fragwürdige Erbe der Europäer

In meiner Doktorarbeit in Pädagogik über »Erziehung und Bildung in Rwanda – Probleme und Möglichkeiten eines eigenständigen Weges« musste ich mich zwangsläufig auch kritisch mit den Fakten und Entwicklungen in der Zeit vor, während und nach der Kolonialisierung befassen.

Immer wieder begegnete ich den »Sünden« der Weißen, die wenig Rücksicht auf die kulturellen, religiösen und ethnischen Voraussetzungen im Land genommen hatten. Das führte dann in der nachkolonialen Epoche in Ruanda zu innergesellschaftlichen Verwerfungen mit schlimmen Folgen. Die ethnischen Probleme wurden nicht überwunden, obwohl wir das Christentum brachten und die Nächstenliebe lehrten. Sie dauern bis zum heutigen Tag an.

Besonders, ich habe es schon erwähnt, das abendländische Überlegenheitsgefühl stach mir dabei immer wieder ins Auge, auch der Intellektualismus der Europäer.

Ähnliche Erscheinungen sah ich später in der Entwicklungshilfe. Es hat lange gedauert, bis die falschen Ansätze korrigiert wurden und einer größeren Achtsamkeit und

Wertschätzung fremder Kulturen und Mentalitäten Platz machten.

Ich möchte das mit »Kostproben« aus meiner Doktorarbeit belegen.

## Aus meiner Doktorarbeit[3]

*Logisch-rational gegen mythisch-magisch*
Der abendländische Intellektualismus führte eine Erziehung ein, die sich gegenüber der traditionellen Erziehung – zusammenfassend – wohl wie folgt charakterisieren lässt: Erziehung zur Abstraktion gegenüber einer Erziehung zu konkreten Lebensvollzügen; schulische Erziehung bzw. »Verschulung« des Lebens gegenüber Eltern- und Klanerziehung; Erziehung zu einem bestimmten Beruf gegenüber einem bestimmten Rollenverständnis in der vorgegebenen Gesellschaft; Erziehung zum detaillierten Einzelwissen gegenüber einer Erziehung zu einem Wissen, welches das Ganze des Lebens und der Welt umfasst; Erziehung zu logisch-rationalem Denken gegenüber dem mythisch-magischen Denken, welches dem Menschen im Kosmos immerhin einen »Standpunkt«, einen »Ort« zu geben vermochte innerhalb eines sozialen Kontextes, in dem sich der Einzelne umgeben und geborgen wusste von der »schützenden Hülle der Natur« (Martin Buber) und zugleich schrittweise hineingenommen in das familiäre und soziokulturelle Geschehen mit dem Rhythmus seiner Tage und Jahreszeiten wie auch mit der Monotonie der für das Leben notwendigen Arbeits- und Produktionsprozesse.

Mit dem modernen Leben und Denken fand keine Synthese statt, sondern es wurde eher eine revolutionäre Entwicklung eingeleitet, deren Ende noch nicht abzusehen ist. *(S. 95/96)*

*Hilfestellung beim Werden des Menschen*
Im Letzten laufen wohl die vielen pädagogischen Denkansätze und konkreten Zielsetzungen auf die notwendig zu akzeptierende Tatsache hinaus, dass keine uniformen Einübungsfelder und Verhaltungsmuster mehr möglich sind.

Deshalb geht es in der Pädagogik um die Hilfestellung beim Werden des Menschen, dass dieser es lernt, bei seiner eigenen Selbstwerdung die Andersartigkeit und Fremdheit anderer Menschen und Völker zu respektieren und zu achten.

Menschen müssen auf Weltebene miteinander umgehen und zu leben lernen. Bei der Andersartigkeit und Fremdheit der vielen ist vielleicht gerade der christliche Auftrag zur Liebe jenes hervorstechende pädagogische Denkmodell, dass man nicht nur predigen und verkündigen kann, sondern für das es konkrete Einübungsfelder zu schaffen gilt. *(S. 257)*

## Jesus hat gehandelt

Ich denke, dass die Theologen und die Theologie oft viel zu selbstbewusst sind. Sie vergessen zu oft, dass Gott viel größer ist als unser Denken, Wissen und Erfahren.

Jesus hat etwas *getan*. Er hat etwas umgesetzt. Er hat keine großartigen Dogmen vorgelegt. Er hat etwas vorgelebt. Er ist konkret geworden. Er hatte eine Praxis. Keine Theorie.

Wir Christen müssen deshalb etwas *tun*. Das, was uns Jesus vorgelebt hat. Unsere religiöse Theorie darf nicht anders sein als unser tatsächliches Verhalten, als unsere alltäglichen menschlichen Beziehungen. Die Theologie, die behauptet, sie wisse alles über Gott, überschätzt sich, sie sollte, wie ich finde, bescheidener auftreten. Sie müsste erfahrungsgesättigter denken und argumentieren. Ich erinnere mich gerne an Vorträge von Karl Rahner*, der nach Aussagen über Gott hinzufügte, dass wir nicht vergessen sollten, dass Gott immer »der ganz Andere« sei.


## Zurück zur Praxis!

Ich höre immer wieder die Aufzeichnung einer Weihnachtsansprache von Pater Köster, die er im Radio gehalten hat. Sie beginnt mit der Frage: »Wie geht es dir? Wie geht es Ihnen?« Er sagt: Gott wurde Mensch, um uns zu zeigen, wie Menschwerden geht. Und wenn jetzt jemand kommt und auf die Frage, wie es ihm geht, sagt, mir geht's schlecht, und du dann auf diese Antwort geduldig eingehst, dann ist es wirklich Weihnachten geworden. Pater Köster sagte immer wieder: »Der Lehren sind genug verkündet! Zurück zur Praxis!« Das stimmt einfach. Das kann man nicht wegreden. Es geht um nichts Geringeres als um unser Handeln, weniger oder kaum um unser Reden.

Pater Köster war ein großes Geschenk für mich. Er hat die alten theologischen Sätze über Glaube, Hoffnung und Liebe weitergedacht, ist nicht bei den überlieferten Formeln und Sätzen stehengeblieben, hat die Zeichen der Zeit in sein Denken miteinbezogen, hat neue Ansätze gesucht und immer den konkreten Menschen, nicht den gedachten, im Blick gehabt. Viele Menschen sagen mir bis heute: Er hat mich verstanden. Er hat mir meine Würde wiedergegeben, mir meine Würde wieder bewusst gemacht. Pater Köster war sehr intelligent, war aber ohne jede Arroganz. Das hat mich so fasziniert an ihm. Er war ein zweiter Franziskus für mich.

## Wie geht es dir, wie geht es Ihnen?
*Eine Weihnachtsansprache von Pater Fritz Köster*

Solche Fragen am Ersten Weihnachtsfeiertag mögen Sie überraschen, Ihnen fremd erscheinen. Sie sind ungewohnt, denn heute ist Weihnachten. Da wünscht man sich ein frohes Fest, eine gesegnete Zeit. Man denkt an Frieden, Ruhe und gemütliche Stunden mit seinen Freunden nach all dem Geschäftsrummel der vergangenen Wochen.

»Wie geht es dir, wie geht es Ihnen?« Solche Fragen hört man während des ganzen Jahres. Man stellt sie Freunden, Bekannten und Verwandten so im Vorübergehen, auf der Straße oder im Supermarkt. Und die Antwort wird meistens genauso belanglos gegeben, wie die Frage gestellt wurde. »Es geht«, pflegt man zu sagen, »einigermaßen, durchwachsen, es könnte besser sein«, und damit hat sich's.

Stellen Sie sich vor, jemand, der von Ihnen so gefragt wird, würde eines Tages bei Ihnen stehenbleiben. Durch Gesten und Anzeichen in seinem Gesicht würde er Ihnen signalisieren, dass er mit Ihnen reden möchte, dass es ihm nicht gut geht, dass er große Sorgen hat, dass ihn traurige Ereignisse bedrücken. Dann müsste man wohl oder übel bei ihm stehenbleiben, ihn anhören, ihm Zeit widmen. Und je mehr die Sorgen des anderen sich Luft verschaffen würden, desto eher könnte man selbst in Bedrängnis geraten. Was darauf antworten? In welchem Augenblick etwas sagen? Wie dem anderen Mut zusprechen, ohne dass es phrasenhaft wirkt, schablonenhaft, peinlich und unangemessen? Bei solcher Gelegenheit kann sogar sehr schnell in Vergessenheit geraten, dass das Schweigen in manchen Fällen besser ist als das Reden. Das Zuhören ist heilsamer als voreilige Tröstungen. Aber auf jeden Fall wäre die Schablone durchbrochen. Das unverbindliche »wie geht's« wäre zu einer Begegnung geworden, zu einer persönlichen Anteilnahme am Lebensschicksal des anderen. Daraus könnte, wenn man es ernst nähme, Freundschaft und Vertrautheit entstehen, Solidarität und Schicksalsgemeinschaft auf einem Lebensweg, den wir alle zu gehen haben. Mit allem Auf und Ab, mit allen Freuden und Leiden, Siegen und Niederlagen.

»Wie geht es dir, wie geht es Ihnen?« Was haben solche Fragen mit Weihnachten zu tun? Ich denke: alles. Vielleicht kann man den Sinn des Weihnachtsfestes nicht knapper und nicht präziser als mit solchen Fragen ausdrücken, denn Gott wurde Mensch. Er wurde Kind, er wurde Heranwachsender und Erwachsener. Er ist einen Lebensweg wie wir alle gegangen. Gott wurde Mensch, um die Erfahrung zu machen, wie es Menschen geht und gehen kann. Deshalb hat er Höhen und Tiefen erlebt, Siege und

Niederlagen. Er stand in der Masse und suchte die Einsamkeit. Er war einsam und suchte Vertraute. Er hat große Hoffnungen und Erwartungen in sein Leben gesetzt, er hat auf die anderen vertraut. Und dabei hat er keine besseren, aber auch keine schlechteren Erfahrungen gemacht als wir alle. Aber er hat es gelernt und verstanden, seinen Weg zu finden und zu gehen. Sich in allem treu zu bleiben, seinen von ihm vertretenen Lebenswerten, seiner Lebensrolle und seinem Lebensauftrag. Er hat zu sich und seiner Botschaft ja gesagt, bis in die Stunden der Not und sogar bis in den Tod hinein. So konnte er vor Gott und vor der Menschheit bestehen. Die Treue gegenüber dem eigenen Lebensauftrag hat sich bei ihm als das erwiesen, was vor Gott und vor den Menschen glaubwürdig erscheint.

Seit Weihnachten hat die Menschheit aufgehört, unverbindlich und phrasenhaft über Gott zu reden. Oder: Wenn sie es immer noch tut, hat sie von Weihnachten, der Botschaft von der Menschwerdung Gottes, nichts verstanden. Seit Weihnachten kann man aber auch nicht mehr unverbindlich und phrasenhaft über die Menschen reden. Würde man es tun, wären sie nicht ernstgenommen. Denn Gott wurde Mensch, er kam herab in diese unsere Welt und Lebensgeschichte, um aus der Nähe und unmittelbaren Erfahrung heraus nachzuschauen, wie es dem Menschen geht, wie es um ihn steht.

Denn nicht aus der Distanz, aus der Unverbindlichkeit des Redens und Zuschauens heraus kann eine Antwort auf diese Frage gefunden werden. Aus dem Höhenflug eines Adlers über den Wolken kann man zwar die ganze Welt beobachten. Man kann Millionen Menschen wie kleine schwarze Punkte sehen, die sich da unten auf der Erde bewegen. In Wirklichkeit sieht man keinen einzigen. Kennt kein einziges Lebensschicksal, kann sich in keinen einzigen hineinversetzen. Die Liebe zu allen Menschen schafft Distanz zum Einzelnen, macht schließlich lieblos, weil keiner konkret gemeint ist. Deshalb wurde Gott Mensch und trat zugleich ein in eine ganz konkrete menschliche Geschichte.

Zur Zeit des Kaisers Augustus, schreibt Lukas. In Betlehem im Lande Juda. Um ihn herum waren Maria und Josef, die Hirten auf dem Feld und die Weisen aus dem Morgenland. Sie alle ahnten und machten die Erfahrung, dass unter ihnen jemand erschienen war, der eine bisher unerhörte Wahrheit und Botschaft zu verkünden und zu leben hatte. Gott nahm das Schicksal eines Menschen an, weil ihm fortan das Schicksal jedes Menschen, jedes einzelnen, unaufgebbar wichtig war.

Gott wurde Mensch, um uns zu zeigen, wie es geht, Mensch zu sein. Er markierte zugleich einen unfehlbaren, unüberhörbaren Standpunkt. Nur Gott vermag den Menschen zu schaffen. Den heileren, erlösteren, friedlicheren, gewaltloseren, nicht nur auf sich selbst bedachten.

Und was könnte der Menschheit jemals Besseres passieren, als dass es Menschen gibt, die nach Gottes Bild und Gleichnis geschaffen sind? Die Leben gestalten und die Welt beeinflussen nach dem Vorbild dessen, der in diese Welt kam, um ihr einen neuen Anfang zu setzen?

## Nach Gottes »Bild und Gleichnis«
## Als Frau in der Männerkirche

### Als Mann und Frau erschuf er sie

Nach dem Ende des Studiums 1977 habe ich sieben Jahre bei *Missio,* dem internationalen katholischen Missionswerk in München, als Bildungsreferentin gearbeitet. Und als Dozentin für Sozialpädagogik an der Katholischen Universität Eichstätt. Das war die Zeit, in der unter anderem, vor allem in der sogenannten »Dritten Welt«, in Lateinamerika, Afrika und Asien die »Theologie der Befreiung«* entstanden ist. Darüber habe ich auf Bildungsveranstaltungen und bei meinen Besuchen in deutschen Priesterseminaren viel gesprochen. Damals war in der Kirche in Deutschland eine große Offenheit für diese Entwicklungen zu spüren. Heute ist das nicht mehr so. Da ist eher Schweigen eingekehrt.

Und wie sieht die Kirche in Deutschland heute aus?

Natürlich kenne ich die Entwicklung der kirchlichen Lage in Deutschland. Ich weiß von den immer zahlreicher werdenden Kirchenaustritten, von den Versuchen der Institution, darauf zu reagieren. Sie kommen mir oft falsch und hilflos vor. Mir tut diese Entwicklung unendlich leid. Ich finde, dass es mit der Kirche bei uns auch deshalb so weit gekommen ist, weil sie zu unflexibel das Anliegen Jesu weitergegeben hat. Sie hätte mehr auf die wirklichen Anliegen, Fragen, Nöte und Sorgen der Menschen eingehen müssen.

Was mich nach wie vor am meisten stört, ist die Situation der Frauen in der Kirche. Das begreife ich nicht. Die Männerkirche nimmt die Frauen nicht ernst. In der Bibel steht, dass Gott den Menschen nach seinem »Bild und Gleichnis« als Mann *und* Frau geschaffen hat. Und dann besteht eine solche Ungleichheit! In einer Kirche, in der man die Frauen wirklich ernst nähme, würde das Gottesbild reicher werden. Wir Frauen haben dazu einen wichtigen Beitrag zu leisten.

## Machtverlustangst der Männer

Die Situation der Frau – in einer zahlenmäßig schwindenden Männerkirche – ist immer noch so, dass sie nicht dem Evangelium entspricht.

Ich weiß andererseits auch, dass viele Frauen, nicht nur in Europa, längst in eine »andere« Kirche aufgebrochen sind. Sie feiern die Eucharistie* schon ohne Männer. Das habe ich von einer feministischen Theologin in den USA erfahren. Ich finde das faszinierend.

Als wir einmal unter den Weißen Schwestern und den Weißen Vätern über die Situation der Frauen in der Kirche diskutierten, sagte ein Mitbruder zu mir: »Die Zeit ist noch nicht reif. Wir müssen noch warten.« Da habe ich ihn gefragt: »Auf was wartest du? Es geht auch um meine Lebenszeit, nicht nur um deine!«

Ich wünsche mir unter anderem, dass Frauen *und* Männer, die ausgebildet sind, die Botschaft Jesu weiterzugeben und damit erlebbar und lebbar zu machen, Gottesdienste gestalten dürfen. Gottesdienste, die der Botschaft Jesu und dem Leben der Menschen heute entsprechen. Und dass die Gottesdienste, wenn sie von Frauen gestaltet werden, auch kirchenrechtlich gleichwertig sind. Deswegen müssten sie gar nicht Priesterinnen genannt werden oder sein. Sie müssten Gottesdienste feiern dürfen mit dem Wandeln von Brot und Wein.

Was hat Jesus denn gewollt? Er wollte, da er nicht mehr persönlich anwesend ist, dass alle Menschen in seinem Namen zusammenkommen, sein Andenken pflegen und handeln wie er.

Es handelt sich angesichts des Stillstandes in dieser Frage um die reine Machtverlustangst der Männer.

## Männer haben noch immer einen anderen Stand

Ich will diesen Komplex nicht beschränken auf das Thema »Frau in der Kirche«. Ich weite ihn aus auf die Frage, wie denn heute die Lage der Frauen in unserer Gesellschaft ist.

Wenn ein junger Mann aus Syrien, der nicht in den Krieg ziehen will, vor dem Kriegsdienst flüchtet und bei uns Asyl beantragt – was ich gut verstehe, eigentlich sollten alle den Kriegsdienst verweigern –, ist das ein Grund, dass er bei uns Asyl gewährt bekommt. Wenn eine Frau kommt und bei uns Asyl beantragt mit der Begründung, dass sie in ihrer Familie fast totgeschlagen, zwangsverheiratet wird, dann ist das kein ausreichender Asylgrund, dann bekommt sie kein Asyl. Fakt ist: Wir haben keine geschlechtsspezifischen Asylgründe für Frauen!

Es werden bei uns immer mehr Länder zu sicheren Drittstaaten erklärt, darunter Länder, die rein patriarchalische Systeme haben, in denen zum Beispiel Ehrenmord für zulässig erklärt wird. Dorthin sollen die Frauen zurückgeschickt werden? Das ist ein ganz großes Unrecht! Ich kann nicht verstehen, warum nicht mehr Frauen bei uns engagierter für die Beseitigung dieses Unrechtes eintreten, ja, dafür kämpfen. Warum sind sie müde geworden? Haben sie vielleicht Angst, dass die Männer sie als »Zicken« ansehen?

Sicher sind die Frauen bei uns heute nicht mehr so ausgebeutet wie früher. Da hat sich schon einiges verändert. Aber Männer haben immer noch einen anderen Stand, einen höheren Stellenwert in unserer »modernen« Gesellschaft. Eine Frau »ohne Mann« ist nicht so angesehen wie eine Frau mit einem Mann, der zudem vielleicht noch einen höheren Rang bekleidet. Das ist – leider – noch so. Das beginnt schon in der Kindheit und Jugend. Die Wertigkeit, die Wertschätzung von Jungen ist in unserer Gesellschaft eindeutig immer noch höher als die von Mädchen.

Ich bin mir nicht darüber im Klaren, woher das kommt. Selbst ein hübsches, selbstbewusstes, gut ausgebildetes Mädchen hat bei uns weniger Chancen als ein junger Mann, der weniger gut ausgebildet ist, aber selbstbewusst auftritt. Wir leben auch im Jahre 2017 immer noch in einer patriarchalischen Gesellschaft.

Kann man bei uns wirklich von einer »modernen« Gesellschaft sprechen? Zum Beispiel in der Politik? Da gilt trotz mancher Ausnahmeerscheinungen immer noch die alte Hackordnung zwischen Männern und Frauen. Das ist auch in vielen Bereichen der Wirtschaft so. Eine wirkliche

Auseinandersetzung zwischen Männern und Frauen, ein positiver Kampf der Geschlechter, findet nicht statt.

Dass die Frau Kinder bekommen kann und der Mann nicht, halte ich für einen existentiellen Vorteil. Aber dieser Vorteil setzt die Frau auch zeitweilig in eine schwächere Position. Und wenn eine Frau gar noch drei oder vier Kinder bekommt und sich auch noch vollzeitlich intensiv um sie kümmert, dann ist für sie nach der Kinderzeit schon aus Altersgründen keine politische Karriere mehr möglich.

## Es gibt noch archaische Kulturen

Auch in dieser Frage gibt es bei uns schon einige Veränderung gegenüber den früheren Zeiten. Aber in anderen Kulturen sind die Verhältnisse ganz anders, noch viel harscher. Ich weiß manchmal nicht, ob man da überhaupt von einer »Beziehung« zwischen Mann und Frau reden kann.

Ein Beispiel: Unsere Hausmeisterin ist eine Frau aus Sri Lanka. Sie war mit zwölf Jahren Kindersoldatin, war zwei Jahre im Gefängnis und wurde schwerstens misshandelt. Sie hat eine Aufenthaltsgenehmigung in Deutschland. Ihre Schwester lebt auch in Deutschland. Sie hat Krebs und ihr Kind hatte auch Krebs. Es ist vor Kurzem gestorben. Der Vater des Kindes ist äußerst brutal. Deswegen hat sich die Frau von ihm getrennt. Er kam sehr schnell und wollte das tote Kind mitnehmen, weil er überzeugt davon war, dass die Frau es umgebracht hatte. Sowohl die Ärztin als auch die Frau selbst hatten Angst, dass er sie umbringt. Die Polizei musste einschreiten. Das tote Kind lag lange auf der Wache und wurde lange nicht zur Beerdigung freigegeben.

Daran kann man sehen, dass alte Traditionen und Verhaltensweisen, die wir als archaisch bezeichnen, nicht schnell zu den Akten gelegt werden können. Ideologien werden von den Vätern über lange Generationen weitergegeben.

## Hilfen für Frauen in Not

Man kann nicht die ganze Welt retten. Man kann nicht alle Probleme lösen. Ich habe die Frauen und die Kinder in Gewalt- und Notsituationen entdeckt. Dennoch müssen wir Frauen auch die Situation bei den Männern sehen. Sie spielt ja auch unmittelbar in die Arbeit mit Frauen hinein. – Wenn jemand anderer die Situation der Männer in Not in den Blick nimmt, die ich auch verheerend finde, dann soll er sich da engagieren. –

Eine Mitarbeiterin von SOLWODI hat mich vor Kurzem auf einen Fall in einer deutschen Stadt aufmerksam gemacht. Sie berichtete mir von einem 15 Jahre alten »Kind«, es sieht aus wie zwölf, das vom Vater missbraucht wird. Da mussten und wollten wir etwas tun. Das Jugendamt hat ihr mitgeteilt, dass es rechtlich nicht einfach möglich ist, dem Vater das Sorgerecht für das Kind zu entziehen. – Da werden wir von Amts wegen an der Hilfe für ein Kind gehindert! Ich verstehe das nicht!

In der Arbeit von SOLWODI begegnen uns unglaubliche Geschichten. Von einer will ich hier berichten, damit es konkret wird.

Wir hatten vor Jahren einen Prozess wegen Menschenhandels. Ein Heiratshändler hat Frauen aus Thailand und den Philippinen wie Ware auf dem deutschen Markt angeboten. Zwei Frauen haben wir betreut, die sich deswegen an uns gewendet hatten. Diese Frauen hat er geschäftsmäßig angeboten. Er hat Reklame gemacht mit ihnen. Die Männer, die Interesse an ihnen hatten, konnten sie vier Wochen kostenlos zur Probe »haben«. Wenn sie dann aus irgendwelchen Gründen kein Interesse mehr an ihnen hatten, konnten sie die Frauen wieder an den Heiratshändler zurückgeben. Der Heiratshändler hat angegeben, dass seine Frauen alle »gut« seien. Er habe sie selbst ausprobiert.

Ich war bei dem Prozess anwesend. Habe auch mit dem Richter geredet. Hatte eine Stinkwut im Bauch. War auf das Strafmaß gespannt. Es war dem Vergehen angemessen, wie ich fand.

Dann aber habe ich die Lebensgeschichte dieses Mannes kennengelernt. Wenn ich sie vorher gekannt hätte, hätte ich mich nicht so über das Urteil freuen können.

Dieser Mann hatte schon als Dreijähriger mit zwei Brüdern jahrelang auf der Straße gelebt. Auch die Mutter hat auf der Straße gelebt. Ab und zu waren sie bei der Mutter, aber die meiste Zeit haben sie im Kinderheim verbracht. Später ist der Mann ins Baugeschäft gegangen. Er war offensichtlich auch clever und hat gesehen, wenn er mit Frauen handelt, kann er zusätzlich viel mehr Geld verdienen.

Diesem Mann war als Kind enorm viel Unrecht widerfahren. Er war total abgestumpft und wollte einfach nur Geld machen. Die Frauen hielt er sowieso für doof. Sie waren für ihn nur Objekte, mit denen er Handel treiben konnte. Dazu ist es auch gekommen, weil er ein missbrauchtes Kind war.

## An die eigene Würde glauben

Die Situation in der Arbeit von SOLWODI hat sich in den vergangenen 30 Jahren grundsätzlich nicht geändert. Wenn eine Frau ihre Lage als katastrophal erlebt, dann kommt sie zu uns – und wir versuchen, ihr zu helfen.

Es gibt auch Erfolgsgeschichten in unserer Arbeit. Sie bauen auf. Als ich vor einiger Zeit wieder einmal in Kenia war, kam eine junge Frau auf mich zu, gab mir die Hand, sah mich an und sagte: »Dank SOLWODI kann ich Ihnen jetzt in die Augen sehen. Vorher habe ich immer nur unter mich geschaut. Die Kerle kamen und riefen: »Komm mal her, du Schlampe!« und haben mich überall angefasst. Aber jetzt bin ich die Geschäftsfrau Rebecca und kann Ihnen offen in die Augen sehen.« Das ist doch wunderbar!

Ich helfe Frauen, die unter Ausgrenzung und Missbrauch leiden. Sie sind so kaputtgemacht worden, dass sie nicht mehr daran glauben, dass sie noch eine Würde haben. Ihnen will ich ihre Würde neu bewusst machen, damit sie ihr Leben selbst in die Hand nehmen können, nicht mehr nur fremdbestimmt sind. Es ist eine große Freude und Befriedigung für mich, wenn diese Frauen die Bestätigung ihrer Würde erfahren. Jeder Mensch hat eine unzerstörbare Würde!

Am besten lasse ich einmal eine Frau von ihrem Schicksal selbst berichten. Sie kommt aus Sierra Leone in Afrika.

### Ich möchte wieder zu mir kommen

Da, wo ich herkomme, gibt es keine Gerechtigkeit für Frauen. Ich bin jetzt 26 Jahre alt. Bereits mit zwölf Jahren hat man mich dazu gezwungen, mich mit einem alten Mann zu verheiraten. Er vergewaltigte mich, ich wurde von ihm schwanger und bekam ein Kind, mit gerade einmal 15. Meine Tochter lebt immer noch in Afrika, ich habe sie zurücklassen müssen. Manchmal telefonieren wir miteinander. Sie denkt, dass ich in einer anderen Stadt in Sierra Leone lebe.

Ein paar Jahre nach der Geburt meiner Tochter wurde ich gegen meinen Willen im Genitalbereich beschnitten. Das machen bei uns die Frauen der Bundu-Gesellschaft, die Mädchen auf ihre »Aufgaben als Frauen« vorbereitet. Sie beschnitten alle Mädchen mit derselben Rasierklinge, und da sie mich festhielten, brachen sie mir den Arm. Ich kam darauf ins Hospital, aber viel zu spät. Bis heute habe ich Metall in meinem Arm, dadurch kann ich ihn nicht gut bewegen. Die Ärzte im Krankenhaus ermöglichten mir die Flucht ins Ausland.

Erst kam ich an die Elfenbeinküste, dort konnte ich dann ein Visum für die Türkei beantragen. Ich schloss mich anderen Flüchtlingen an, um nach Europa zu kommen. Wir warteten immer, bis es dunkel war, dann marschierten wir los Richtung Bulgarien. Meistens war ich die einzige Frau in den Gruppen.

In Bulgarien wurde ich wieder vergewaltigt, schrecklich vergewaltigt von vier Männern aus meiner Gruppe. Sie boten mir erst Saft an und dann etwas zu essen. Ich dachte, dass seien freundliche Leute. Ich blutete aufgrund der Vergewaltigung so stark, dass ich nicht mehr gehen konnte. Da nahm mich ein anderer Mann auf den Rücken und trug mich, bis wir von der Polizei gefasst wurden.

Ich war in Auffanglagern in Bulgarien, Serbien, schließlich in Ungarn. Dort stellte ich fest, dass ich durch die Vergewaltigung schwanger geworden war. Mir ging es furchtbar, ich wollte die Schwangerschaft nicht. Doch die Ärzte im Lager sagten mir, dass ich für eine Abtreibung zahlen müsste. Doch wer nur die Kleider hat, die er am Leib trägt, kann keine Abtreibung bezahlen. Eine Ärztin rettete mich, obwohl sie es nicht durfte: Sie verschaffte mir einen Platz im Auto eines Bekannten, der mich nach Deutschland fuhr. Hier bekam ich Hilfe von SOLWODI. Das ist ein Jahr her. Ich wohne jetzt in der Stadt, in einem Zimmer, das mir die SOLWODI-Beratungsstelle besorgt hat. Es geht mir etwas besser. Und trotzdem glaube ich, dass es ein Leben lang so weitergehen wird. Das Wort Vergewaltigung, Vergewaltigung, Vergewaltigung, es ist immer in meinem Kopf präsent. Hier, schaut euch meine Haare unter der Perücke an, sie wachsen nicht mehr nach. Seht mich an, schaut, was sie mir antaten, blickt auf die Narben zwischen meinen Beinen.

Ich danke Gott, dass ich jetzt hier in Deutschland bin: Ich habe ärztliche Hilfe, ich gehe zum ersten Mal in meinem Leben in eine Schule.

Ich würde so gern wieder einschlafen können. Ich kann es aber nur, wenn ich vorher viele Medikamente geschluckt habe. Ich habe Alpträume und ich habe Angst. Alle denken, ich sei verrückt, aber ich bin nicht verrückt. Ich möchte wieder zu mir kommen.

# Die letzte Bastion der Sklaverei
## Prostitution

Jesus verwendet den Begriff Prostitution nicht. Er wich Prostituierten nicht aus und verurteilte sie nicht. Er bezeichnete sie als Gott näherstehend als die selbstgerechten Pharisäer (vgl. Mt 21,31).

Ausgehend davon, dass Männer ihre Triebe der Sexualität und Macht nicht unter Kontrolle bringen könnten, akzeptiert Thomas v. Aquin – mit Verweis auf Augustinus (ord. II,4) – Prostitution als geringeres Übel (S. th. I–II, 101, 3 ad 2; II–II, 10, 11). Feministinnen halten der Kirche vor, zur Unterdrückung von Frauen auch mittels Prostitution wesentlich beigetragen zu haben (Daly 53). Die von Männern dominierte Theologie wird angefragt, ob es ihr möglich sei, »Gottes Plan für Frauen« vorurteilsfrei transparent zu machen (Ovrieux 147). Frühere Ansätze einer »Gefallenen- und Gefährdetenfürsorge« wurden von gesellschaftlichen, weniger aber von kirchlichen Institutionen weiterentwickelt zu Versuchen einer Integration von Prostituierten (Stallberg 72–92).

In der pastoralen Praxis gab und gibt es dennoch immer wieder Christen und Christinnen, die Prostituierte als an den Rand gedrängte Menschen wahrnehmen, die oft schon in der Kindheit sexualisierte Gewalt erlebt haben. Vereinigungen wie der Sozialdienst katholischer Frauen, Diakonie, Mitternachtsmission, Abolutionisten, SOLWODI (Solidarity with Women in Distress) u.a. engagieren sich heute im Rahmen von Begegnungsstätten, Cafés, Beratungseinrichtungen usw. für Prostituierte. Im Sinn Jesu wollen sie diese aus ihrer Isolation herausholen, mit ihnen für ihre Rechte einstehen und Alternativen zur Prostitution aufzeigen.*

*Lea Ackermann im »Lexikon für Theologie und Kirche«*[4]

## Kein Gewerbe, sondern Gewalt

Um eines ganz klarzustellen: Prostitution ist kein Gewerbe, »das älteste Gewerbe der Welt«, wie es immer noch beschönigend und gedankenlos bezeichnet wird. Prostitution ist Gewalt!

SOLWODI findet zunehmend auch bei Männern Unterstützung. Bei Psychologen, Ärzten, bei Handwerkern. Das ist ermutigend. Sie würden uns nicht unterstützen, denke ich, wenn sie unsere Arbeit geringschätzen oder gar ablehnen würden.

Die Arbeit von SOLWODI ist durch die Einwanderung der Flüchtlinge in Europa schwieriger und komplexer geworden. Dazu kommen viele bürokratische Hindernisse. Wir haben für unser »Fluchthaus« in Boppard-Hirzenach lange keinen Cent Mietkostenzuschuss bekommen.

---

* Literatur: HPTh 5, 433; Lex. der Bioethik, hg. v. W. Korff u. a., Bd. 3. Gütersloh 1998, 68–76 (Lit.). – L.-M. Ovrieux: Vocation de la femme: La Femme. Paris 1963; M. Daly: The Church and the Second Sex. Boston 1985; C. Halkes: Suchen, was verlorenging. Gütersloh 1985; F. Stallberg: Prostitution als soziales Problem. Hoheneck 1988; L. Ackermann: Einl.: Scherbengesicht, hg. v. E. Meru. München 1990, 9 ff.

Da ist eine Frau aus Nigeria, deren Eltern von Boko Haram verbrannt wurden. Auch sie war wie ihre Eltern im Feuer und ist bis zur Taille verbrannt. Mit Menschenhändlern ist sie nach Deutschland geflüchtet. Die Menschenhändler wollten sie hier in der Prostitution vermarkten. Sie musste eine blickdichte Strumpfhose anziehen. So sollte sie in einem Bordell für Kunden da sein. Als sie sich ihrem ersten Kunden zeigte, ergriff der die Flucht und auch sie konnte fliehen. Sie lief verloren in der Stadt herum und so brachte die Polizei sie in ein Krankenhaus. Von dort kam sie in eine Psychiatrie. Nach einem Monat wurde sie entlassen und stand wieder auf der Straße. Und da niemand für sie aufkam, wurde bei uns angerufen und wir waren bereit, sie aufzunehmen. Als aber die Mitarbeiterin unserer Schutzwohnung in den Entlassungspapieren las: »Jeden Tag einen Psychiater aufsuchen«, da sie extrem traumatisiert sei, und die Medikamente dürften nur von Fachpersonal ausgegeben werde, rief sie mich an und erklärte, sie sei nicht in der Lage, diese Frau aufzunehmen. Ich rief eine geschlossene Psychiatrie von Ordensschwestern an und bat dringend um einen Platz. Die Schwestern waren so nett und nahmen die Frau auf. Am nächsten Tag besuchte ich sie. Sie war verzweifelt und zeigte mir ihren Körper ab der Taille. Ich habe noch nie etwas so Schreckliches gesehen. Es sah aus wie mit Peitschenhieben gefoltert, die Haut in Streifen: rosa, weiß, schwarz, einfach grausam. Sie wollte in dieser geschlossenen Klinik mit all den verwirrten Kranken nicht bleiben. Der Arzt verschrieb mir für sie die Tabletten für zwei Wochen und erlaubte mir, sie mitzunehmen. Sie ist bei uns; sie leidet, das kann man sehen. Sie lernt Deutsch. Sie ist sehr religiös. Das ist ihr Halt. Wir geben ihr pünktlich die Medikamente. Wir haben eine Psychotherapeutin für sie gefunden. – Wie können Menschen so mit anderen Menschen umgehen?! Das ist eine Frage, die mich sehr belastet.

Wir kümmern uns um alleinreisende flüchtende Frauen und ihre Kinder und haben ein Schutzhaus für sie angemietet, aber bis jetzt bekommen wir noch keine Unterstützung von der öffentlichen Hand, weil alleinreisende Frauen, darunter schwierige, hochtraumatisierte Frauen mit Kindern, noch nicht überall registriert werden. Was uns sehr beschäftigt, ist, die Gefahr zu sehen, die diese Frauen durchlebt haben, und die Angst, abgeschoben zu werden – auf die Gefahr hin, nach der Rückkehr umgebracht zu werden.

Wir begleiten eine andere Frau mit zwei kleinen Kindern. Sie hat in der Familie nur Gewalt erlebt. Sie weiß, wenn sie abgeschoben wird, erwartet sie der Tod, weil sie hier gesagt hat, was im Heimatland passiert ist.

Hinzu kommt: Was geschieht innerhalb der Flüchtlingstrecks mit den Kindern? Mit alten Menschen, die ja auch dabei sind? Ein Meer von Leid und Schmerz!

Ich sehe die Arbeit von SOLWODI als dringend notwendig an. Aber ich weiß auch, dass damit die Welt nicht gerettet wird. Aber den Frauen und Kindern, denen wir helfen konnten, geht es besser bis gut. Das tröstet mich. Auf sie richte ich meinen Blick und sehe: Der Kampf geht weiter! Damit Frauen in Würde leben können!

## Sexkauf muss verboten werden

Ich habe für die Arbeit mit den Frauen in Deutschland dringende Wünsche und Forderungen:

1. Wir brauchen geschlechtsspezifische Asylgründe.
2. Wir brauchen eine Gerichtsbarkeit, die Verbrechen als Verbrechen ansieht, nicht nur als »Kavaliersdelikte« – welch ein schrecklicher Begriff!

Das neue Prostitutionsgesetz ist Makulatur. Es sollen Kontrollen durchgeführt werden. Es sollen Kondome zwingend vorgeschrieben werden. Sie sollen in jedem Zimmer, in dem der Verkehr stattfindet, vorhanden sein. Das ist absolut hirnrissig. Das *kann* man gar nicht kontrollieren. Wenn der Mann hundert Euro mehr zahlt, damit er kein Kondom benutzen muss, dann benutzt er kein Kondom.

Der Sexkauf muss klar und unmissverständlich verboten werden. Sex kann man nicht kaufen. In anderen Ländern ist ein Verbot doch möglich! In Schweden, Norwegen, Kanada und Frankreich.

Hinter der Ablehnung des Verbots verbirgt sich die Auffassung: »Frauen kann man kaufen! Frauen wollen das! Sie genieren sich nur! Aber im Grunde wollen sie es alle! Gleichgültig, ob sie jung oder alt sind!« Das ist die Haltung, die sich dahinter verbirgt. So wird argumentiert. Wie abwegig, wie verächtlich!

Prostitution ist Abwertung – für jede Frau.

Da ruft mich ein Mann an und sagt: »Frau Ackermann! Wie soll ich denn da zu einer Frau kommen?« – Wenn ich das schon höre! – Ich sage ihm: »Wie wäre es denn, wenn Sie es einmal mit Charme, Wohlwollen und Freundlichkeit versuchen?!«

Ich bin richtig wütend! Unsere Frauenministerin Manuela Schwesig hat sich bei der Erstellung des Gesetzes von den Bordellbetreibern erzählen lassen, wie es im Bordell zugeht!

Als wir über 30.000 Unterschriften gegen das Gesetz bei ihr abgeben wollten, wurde mir mitgeteilt: Der Herr Staatssekretär freut sich, die Unterschriften entgegenzunehmen. Die Frau Ministerin hat leider keine Zeit.

Zeitgleich erschien ein Artikel in »DER SPIEGEL«, in dem ein Herr Rettich vom Ministerium sich lobt, dass es ihm gelungen sei, die Bordellbetreiber in Lobbygruppen zusammenzuschließen. Sie machten eine hervorragende Arbeit. – Also beraten jetzt die Bordellbetreiber, die das Geld machen mit der »Ware Frau«, die Politik. Das ist doch absurd! Das ist zynisch!

Sexkauf muss verboten werden. Dabei kommt es nicht auf das Strafmaß an, sondern auf den Blickwechsel. Bisher hat man nur die Frau im Blick. ›Sie fordert heraus mit ihrer Kleidung, mit ihrer ganzen Haltung, mit ihren Bewegungen oder mit ihren Blicken. Die Frau verführt den Mann. Sie will sich verkaufen.« So wird argumentiert! Wenn es ein Sexkaufverbot gibt, müssen der Käufer und die Gesellschaft darüber nachdenken. Und es wäre auch gut und konsequent, wenn in den Schulen darüber nachgedacht würde.

Ich kenne keine einzige Frau, die sich aus Lust freiwillig zur Prostitution anbietet. Wenn, dann ist immer schon etwas schiefgelaufen, etwa in der Kindheit.

Wenn eine Frau sagt: Ich brauche zehn Männer, um glücklich zu sein, dann ist das ja okay. Das kann sie selbst entscheiden, und ich habe diese Entscheidung, auch wenn ich sie persönlich für falsch halte, nicht zu kritisieren. Sie wird die zehn Männer zu ihrem Glück auch ganz sicher finden. Aber wenn sie sagt: Ich brauche zehn Männer, damit ich überleben kann, dann ist die Lage schon wesentlich anders.

Das älteste Verbrechen in der Bibel ist der Mord, der Brudermord von Kain an Abel. Mord ist ein Verbrechen und schadet der menschlichen Gesellschaft. Darum haben wir ein Gesetz, das Mord verbietet. Aber es wird trotzdem gemordet. Sollen wir das Gesetz abschaffen, weil ja doch weiter gemordet wird? Das Gleiche gilt für den Diebstahl. Sollen wir das Gesetz abschaffen? Brauchen wir dann überhaupt noch Gesetze?

Ein Gesetz hat Symbolkraft und Erziehungspotential. Wir Menschen brauchen Gesetze. Im Gesetz bringen wir zum Ausdruck, in welcher Gesellschaft wir leben wollen. Wir wollen in einer freien Gesellschaft leben, in der die Menschen respektvoll miteinander umgehen. In eine solche Gesellschaft passt keine Prostitution. Prostitution ist kein Beruf, sondern Machtmissbrauch. Prostitution verhindert die Gleichberechtigung von Mann und Frau.

Trotz jahrelanger Aufklärungsarbeit ist es uns, SOLWODI, nicht gelungen die Bevölkerung und die Politik von der Schwere und Tragweite des Problems zu überzeugen.

Wir können nicht oft genug betonen, dass Prostitution Menschen zerstört. Nicht nur die Frauen, die oft völlig traumatisiert und orientierungslos zurückbleiben. Nein, Prostitution zerstört weit darüber hinaus Familien, Beziehungen und das Miteinander in der Gesellschaft.

Wir dürfen nicht nachlassen, diese letzte Bastion der Sklaverei anzuprangern und zu bekämpfen.

Es kann keine Gerechtigkeit und kein friedliches Miteinander geben, solange diese Ungerechtigkeit unter uns toleriert wird.

## SOLWODI als gelebte Spiritualität

Ein Lied bringt gut zum Ausdruck, was ich mit SOLWODI verbinde:

*Hilf, Herr meines Lebens,*
*dass ich nicht vergebens,*
*dass ich nicht vergebens*
*hier auf Erden bin.*[5]

Das, was ich tue, ist sinnvoll. Davon bin ich überzeugt.

Ich habe meine Berufung entdeckt und lebe danach. Sage: »Lieber Gott, ich will etwas tun für deine chancenlosen Töchter.« Wenn ich das hinbekomme, dann hat sich mein Leben gelohnt.

Ich sehe, dass ich vielen helfen kann und konnte.

Ich bitte Gott, dass meine Arbeit weitergeht, dass er Hilfe schickt, dass SOLWODI sich weiterentwickelt.

Ich bitte Gott auch, dass ich eine Nachfolgerin finde.

Mit dem Älterwerden kommen mehr Zweifel. Als junger Mensch hatte ich kaum Zweifel. Ich bin nicht meditativ begabt. Aber ich bete viel. Das Gebet begleitet mich bei meinem Unterwegssein und bei meinem Tun.

Wenn ich sehe, wie SOLWODI aus nichts heraus geworden ist, dann weiß ich: Gott hat jeden Schritt begleitet. Er hat geholfen. Und ich hoffe und bete, dass er auch in Zukunft helfen wird. Ich sehe SOLWODI als Bestätigung meines Glaubens. Das »weiß« ich, wenn mir Zweifel kommen.

## Für eine gerechte Gesellschaft

Mir ist es sehr wichtig zu zeigen, welche konkrete Arbeit die Mitarbeiterinnen von SOLWODI tagtäglich und manchmal auch nachtnächtlich leisten. Das ist noch viel zu wenig bekannt. »Hingabe« ist ein Wort, das mir geeignet erscheint, unser Tun zu charakterisieren.

Unsere Arbeit ist kaum in den Schlagzeilen zu finden. Meist vollzieht sie sich im Verborgenen, wird wenig beachtet. Aber wir leisten einen wichtigen Beitrag für eine gerechte Gesellschaft. Für Frauen, die unter Ungerechtigkeit leiden, deren Würde nie respektiert wurde und die sich ihrer Würde kaum bewusst sind.

Als konkretes Beispiel möchte ich einen genaueren Einblick in die Arbeit der SOLWODI-Beratungsstelle in Bonn geben. Er beginnt mit einer Strafanzeige, die die Leiterin der Beratungsstelle im Januar 2016 bei der Staatsanwaltschaft in Bonn gestellt hat.

### Erstattung einer Strafanzeige

Sehr geehrte Damen und Herren, SOLWODI Bonn ist eine Menschenrechtsorganisation, die Betroffene von Menschenhandel zum Zweck der sexuellen Ausbeutung betreut. In diesem Zusammenhang leisten wir auch aufsuchende Arbeit im Bonner Prostitutionsmilieu. Einmal in der Woche gehen wir in das Eroscenter auf der Immenburgstraße 17–21 in Bonn.

Am 18. Januar 2016 (etwa gegen 20.20 Uhr) wurde ich bei der aufsuchenden Arbeit von einem Mann, der dort als »Gast« gewesen ist, sexuell belästigt. Der Vorfall ereignete sich, als ich mit meiner Kollegin die Treppe runtergegangen bin. Dort kam mir der Mann entgegen. Ich bin stehengeblieben, damit er an mir vorbeigehen kann. Der Mann blieb stehen, stellte sich nah vor mich, griff mir an den Hintern und sagte: »Ey, wie geht?« Ich habe dem Mann daraufhin gesagt, dass sein Verhalten indiskutabel ist. Meine Kollegin war ebenfalls empört und betonte, dass dieses Verhalten nicht in Ordnung sei. Unten an der Treppe standen zwei weitere Männer, die dazugehörten. Diese haben uns ebenfalls überhaupt nicht ernst genommen und gelacht. Ich fühle mich durch dieses Verhalten extrem beleidigt und angewidert. Daher möchte ich Anzeige erstatten. Der Mann war etwa 1,75 Meter groß, hatte schwarze Haare, braune Augen, dunkle Hautfarbe, er trug eine Brille und eine Schirmmütze. Ich würde ihn definitiv wiedererkennen.

Bei unserer wöchentlichen Streetwork fällt uns immer wieder auf, dass sich solche Männergruppen im Eroscenter aufhalten. Sie sind extrem respektlos zu den Frauen, die dort sind, und auch zu uns. Viele Frauen haben große Angst und berichten uns von vermehrten Übergriffen durch diese Männer.

Mit freundlichen Grüßen, SOLWODI Bonn

## Die Arbeit ist konkret: Beispiel Bonn

Aus der Tätigkeit einer SOLWODI-Beratungsstelle

Seit Juni 2014 ist SOLWODI mit einer Fachberatungsstelle in Bonn vertreten und wird bis März 2017 von der »Aktion Mensch« gefördert.

Bereits in den ersten Monaten haben wir drei Frauen begleitet, die sich als von Menschenhandel Betroffene bei uns gemeldet haben. Weitere sieben Frauen haben wir zum Ausstieg aus der Prostitution beraten. Davon sind vier Frauen endgültig ausgestiegen; sie konnten von uns in eine alternative Erwerbsarbeit vermittelt werden. Bei anderen Frauen ist der Ausstieg ein längerer Prozess.

Der akute Beratungsbedarf von Frauen in der Prostitution in Bonn hat sich im Jahr 2015 nochmal deutlich erhöht. Im Jahr 2015 haben sich überwiegend Frauen aus Südosteuropa in der Fachberatungsstelle gemeldet. Insgesamt haben 137 Frauen Unterstützung bei SOLWODI in Bonn gesucht. Die Hauptkontaktgründe waren gesundheitliche Probleme, Interesse an einem Sprachkurs und Ausstieg aus der Prostitution. Insgesamt wurden im letzten Jahr 16 Frauen begleitet und beraten, die aus der Prostitution aussteigen wollen. Zehn Frauen konnten dem Prostitutionsmilieu dauerhaft entkommen. Nachdem wir die Frauen bei der Anerkennung der Zeugnisse aus dem Heimatland unterstützt haben, konnten zwei von ihnen erfolgreich in eine Berufsausbildung in Deutschland vermittelt werden. Des Weiteren haben sich insgesamt 19 Frauen als von Menschenhandel Betroffene bei uns gemeldet, von denen sechs eine Anzeige bei der Polizei erstatteten. Bisher wurde in keinem der Ermittlungsverfahren Anklage erhoben.

Zwölf junge Frauen meldeten sich, die vor Zwangsverheiratung geflohen sind. Darüber hinaus steigen auch die Anfragen von geflüchteten Frauen. In diesem Zusammenhang haben sich im Jahr 2015 Frauen aus Syrien, dem Iran, dem Irak, Albanien, Sri Lanka und Nigeria bei uns gemeldet, die vor sexualisierter Gewalt im Heimatland geflohen oder von sexuellen Übergriffen in Flüchtlingsunterkünften betroffen sind. Die Fachberatungsstelle in Bonn wird zunehmend von anderen Stellen (Polizei, Frauenhäuser, Frauenberatungsstellen) aus dem gesamten Rhein-Sieg-Kreis angefragt, da es in der Umgebung kein vergleichbares Angebot gibt.

*Zielgruppe*
In der Fachberatungsstelle betreuen wir Frauen, die vor sexualisierter Gewalt geflohen sind und aus dem Ausland stammen. Dazu gehören Betroffene von Menschenhandel, Zwangsheirat, Armutsprostitution, Loverboy-Methode, Genitalverstümmelung, Vergewaltigung und weiteren Formen sexualisierter Gewalt. Ein Großteil der Frauen, die wir betreuen, ist von der sogenannten Armutsprostitution betroffen und stammt aus Südosteuropa. Die meisten Frauen befinden sich in ihren Heimatländern in prekären Situationen und leben am Existenzminimum. Soziale Ungleichheit und der schlechte sozioökonomische Status der Frauen drängen diese häufig ins Prostitutionsmilieu. Fehlende Chancengleichheit am Arbeitsplatz ist ein wei-

terer Risikofaktor. Darüber hinaus betreut SOLWODI in Bonn Betroffene von Menschenhandel zum Zweck der sexuellen Ausbeutung. In diesem Zusammenhang werden Frauen entweder unter Vortäuschung falscher Tatsachen nach Deutschland gelockt und dann in die Prostitution verkauft oder sie werden offen für die Erotikindustrie geworben und dann in Deutschland ausgebeutet.

In jedem Fall muss der Begriff »Freiwilligkeit« klar definiert werden. Im Fall von Menschenhandel / Zwangsprostitution werden Frauen gegen ihren Willen zur Prostitution gezwungen. Allerdings kann auch der Bereich der »Armutsprostitution« nicht als eine freiwillig gewählte Erwerbsarbeit definiert werden, da die Lebensumstände die Frauen zur Prostitution zwingen. Viele Frauen berichteten, dass sie die Prostitution kaum noch ertragen können, da sie unter psychischen und physischen Problemen leiden.

*Romafrauen*

Ein Großteil der Frauen, die wir betreuen, gehört zur ethnischen Minderheit der Roma. Diese Frauen sind besonders verletzlich, da sie häufig keine andere Verdienstmöglichkeit in Deutschland haben als Prostitution, um sich und die Kinder im Heimatland zu versorgen. Besonders auffällig ist in diesem Kontext, dass viele Frauen in der Vergangenheit als von Menschenhandel Betroffene nach Deutschland gekommen sind und ihren gesamten Verdienst an Dritte abgeben mussten. Allerdings haben die Frauen häufig keine »Opferwahrnehmung«. Wir haben im letzten Jahr vermehrt den Satz gehört: »Ich mache das freiwillig, weil ich muss.« Romafrauen sind signifikant häufiger von Menschenhandel / Zwangsprostitution und Armutsprostitution betroffen als Frauen aus der Mehrheitsgesellschaft. Dabei sind die Grenzen zum Menschenhandel stets fließend. Die Vulnerabilitätsfaktoren sind vielfältig und können hier nicht im Detail dargestellt und analysiert werden. Wichtige Faktoren sind jedoch geringe oder mangelhafte Ausbildung, Ungleichheit im Bildungssystem (viele Frauen sind Analphabetinnen), Armut und soziale Exklusion sowie fehlender Zugang zum Gesundheitssystem und zum Arbeitsmarkt. Romafrauen sind von mehrfacher Diskriminierung betroffen und müssen als besonders gefährdete Gruppe erkannt und geschützt werden.

*Aufsuchen*

Die aufsuchende Arbeit ist ein sehr wichtiger Bestandteil unseres Engagements, da wir über diesen Zugang sehr viele Frauen erreichen. Durch wöchentliche Gespräche sind wir bei den Frauen präsent und können Vertrauen aufbauen. Dabei ist es besonders hilfreich, dass wir mit einem mehrsprachigen Team auf der Straße, in den Bordellen und in Modellwohnungen unterwegs sind. In Bonn sprechen wir neben Englisch auch Spanisch, Französisch, Türkisch, Bulgarisch, Rumänisch, Ungarisch und Serbisch. Dies erleichtert den Zugang zu den Frauen. Im letzten Jahr haben wir einmal gemeinsam mit der Polizei in einigen Modellwohnungen und Bordellen Frauen aufgesucht. Dies war sehr hilfreich, da wir in einigen Häusern keinen Einlass haben. In diesem Zusammenhang konnten drei von Menschenhandel Betroffene identifiziert werden und eine Frau wurde in einem SOLWODI-Schutzhaus sicher untergebracht.

## Ausstieg

Der Wunsch nach einer alternativen Erwerbsarbeit und einem Ausstieg aus dem Milieu ist bei vielen Frauen vorhanden, allerdings haben nicht alle eine Perspektive in Deutschland. Als gering qualifizierte EU-Bürgerinnen haben sie oft kaum eine Chance auf dem deutschen Arbeitsmarkt. Hinzu kommen fehlende Sprachkenntnisse. Prostitution ist häufig die einzige Möglichkeit, der Armut in der Heimat zu entkommen. Aus diesem Grund hat SOLWODI ein Mentorinnen-Projekt ins Leben gerufen. In diesem Programm unterstützen EU-Neuzuwanderinnen auf Honorarbasis die Frauen, die aus der Prostitution aussteigen möchten. Die Frauen erhalten Sprachkurse, Bewerbungstraining und moralische Unterstützung beim Ausstieg. Nach Möglichkeit sollen Mentorin und Klientin aus demselben Heimatland stammen. Dadurch können Vorurteile und Stigmatisierungen vermindert werden, damit Solidarität unter den Frauen entsteht. Für das Mentorinnen-Projekt hat SOLWODI 2015 den Integrationspreis der Stadt Bonn bekommen.

## Beratung und Begleitung

Darüber hinaus leistet SOLWODI psychosoziale Begleitung und Prozessbegleitung. Die Frauen werden in sichere Schutzunterkünfte vermittelt und auf Wunsch bei der Rückkehr in ihr Heimatland unterstützt. Bei Bedarf wird den Klientinnen ein Rechtsbeistand vermittelt. Wir unterstützen bei der Suche nach einer alternativen Erwerbsarbeit, bieten Deutsch- und Alphabetisierungskurse an und unterstützen die Frauen bei ihrem Weg in ein neues Leben. Unser Angebot gilt für alle Frauen, die sich bei uns melden, unabhängig von der sexualisierten Gewalt, die sie erlebt haben. Die Beratung erfolgt immer anonym und kostenlos.

## Gott will, dass allen Menschen geholfen wird

Ich glaube an einen Gott, der uns erschaffen hat und uns liebt, und der mir hilft, seinen Auftrag an mich in der Welt wahrnehmen zu können.

SOLWODI hilft Frauen und Kindern in Not und in Gewaltsituationen, vor allem, wenn sie Opfer von Menschenhandel, Sexkauf und Zwangsheirat geworden sind. Wir helfen allen Frauen, gleich, welche Religion sie haben. Sie brauchen kein Geld mitzubringen. Nie verlangen wir etwas, das sie mitbringen müssten, um Hilfe zu bekommen. Sie müssen in Not sein und ohne Hilfe sein. Wir helfen ihnen. Das ist unsere Spiritualität. Sie ist Ausdruck unseres Glaubens. Ich möchte, dass dies auch in Zukunft so bleibt.

Natürlich bemühen wir uns, dass wir unseren Einsatz finanzieren können. Wir stellen Anträge bei Behörden und der Kirche, wir sammeln Spenden. Wir brauchen schon Geld. Immerhin arbeiten in ganz Deutschland gegenwärtig 78 Mitarbeiterinnen bei SOLWODI. Sie müssen bezahlt werden.

Ich glaube, dass das, was wir tun, genau dem entspricht, was Jesus von uns verlangt. Noch einmal: Wenn einer unter die Räuber gefallen ist, ist es wichtig, dass man ihm hilft – und zwar sofort – und die Hilfe nicht durch lange Diskussionen und Verhandlungen hinauszögert.

Gott will, dass *allen* Menschen geholfen wird. Das glaube ich und dazu fühle ich mich von Gott angeregt.

Ich möchte dabei helfen, dass Frauen, die würdelos zu leben gezwungen wurden, ihre Würde wieder zurückbekommen, wieder Lebensmut entwickeln und ihr Leben selbst in die Hand nehmen können. Darum geht es mir. Das finde ich wichtig. Dafür setze ich mich ein mit aller Kraft, die mir zur Verfügung steht.

## *»Auf dich, Herr, vertraue ich«*
## Wie geht es weiter mit SOLWODI?

Gebet des älter werdenden Menschen

O Gott, du weißt besser als ich, dass ich von Tag zu Tag älter und eines Tages alt sein werde.

Bewahre mich vor der Einbildung, bei jeder Gelegenheit und zu jedem Thema etwas sagen zu müssen.

Erlöse mich von der großen Leidenschaft, die Angelegenheiten anderer ordnen zu wollen.

Lehre mich, nachdenklich, aber nicht grüblerisch, hilfreich, aber nicht diktatorisch zu sein. Bei meiner ungeheuren Ansammlung von Weisheit erscheint es mir ja schade, sie nicht weiterzugeben – aber du verstehst, o Gott, dass ich mir ein paar Freunde erhalten möchte.

Bewahre mich vor der Aufzählung endloser Einzelheiten und verleihe mir Schwingen, zur Pointe zu gelangen.

Lehre mich schweigen über meine Krankheiten und Beschwerden. Sie nehmen zu – und die Lust, sie zu beschreiben, wächst von Jahr zu Jahr. Ich wage nicht, die Gabe zu erflehen, mir die Krankheitsschilderungen anderer mit Freude anzuhören, aber lehre mich, sie geduldig zu ertragen.

Lehre mich die wunderbare Weisheit, dass ich mich irren kann.

Erhalte mich so liebenswert wie möglich. Ich möchte

kein Heiliger sein – mit ihnen lebt es sich so schwer –, aber ein alter Griesgram ist das Krönungswerk des Teufels.

Lehre mich, an anderen Menschen unerwartete Talente zu entdecken, und verleihe mir, o Gott, die schöne Gabe, sie auch zu erwähnen.
*»Old Nun's Prayer«, England, 16. Jahrhundert;
auch Teresa von Ávila\* zugeschrieben*

## Es geht um die Zukunft von SOLWODI

Fast jeden Tag – manchmal vergesse ich es auch – danke ich Gott, dass ich so robust und mobil gestaltet bin. Ich habe ein Problem mit meinem Rücken. Damit gehe ich zum Arzt.

Ich spüre, dass ich langsamer und umständlicher geworden bin. Darüber ärgere ich mich auch. Das muss ich jedoch annehmen. Dankbar bin ich aber, dass »es« immer noch geht. Und so lange es geht, will ich jede Gelegenheit nutzen, um weiter meinen Lebensauftrag zu erfüllen.

Seit einiger Zeit bemühe ich mich um eine Nachfolgerin. Ich habe 2015 rund 300 Briefe an alle Frauenordensgemeinschaften in Deutschland geschrieben. Darin habe ich die Arbeit von SOLWODI vorgestellt und gefragt, ob ihre Gemeinschaft nicht eine Schwester hätte, die mitarbeiten oder ob gar eine Gemeinschaft die Arbeit von SOLWODI als Ganzes übernehmen könnte.

Ich habe die Zuversicht – vorausgesetzt, dass SOLWODI notwendig ist –, dass es weitergeht mit unserer Arbeit.

Wenn wir nicht mehr notwendig sind, dann hört SOLWODI eben auf, stirbt. Das meine ich schon sehr ernst!

Ein Wunsch von mir für die kommende Zeit ist es, dass Frauen, die religiös motiviert sind, sich hier zu einer Gruppe zusammenschließen, dass wir miteinander leben, beten und arbeiten und über wichtige Dinge im Leben nachdenken, auch religiös nachdenken – so gut es geht. Das fände ich sehr schön und sehr sinnvoll. Aber das ist ein Wunsch von mir, der nicht unbedingt in Erfüllung gehen muss.

Wenn ich spüre, dass ich nicht mehr kann, dann würde ich zu meinen Schwestern ins Altenheim gehen.

Aus meinem Brief an die Ordensgemeinschaften
in Deutschland

Liebe Schwestern!
Nach langem Beten, vielen Überlegungen und Gesprächen schreibe ich Ihnen heute diesen Brief und bitte Sie, mitzudenken und zu suchen, wie SOLWODI (Solidarität mit Frauen in Not), die Menschenrechtsorganisation, die ich vor 30 Jahren gegründet habe, heute auf zukunftsfähige Füße gestellt werden kann.

Zum Ist-Stand von SOLWODI heute:
- 34 Beratungszentren von SOLWODI in Kenia
- ein Schutzhaus für Straßenkinder in Mombasa / Kenia
- ein SOLGIDI in Mombasa / Kenia (für Kinder von vier bis 18 Jahren)
- ein COGOCHI-Wasserprojekt (Mädchen gehen zur

Schule, anstatt Wasser zu tragen) an Schulen in Kisumu und Umgebung, West-Kenia

- ein OKOA-SASA-(Hilfe-jetzt)-Waisenhaus und Beratungszentrum in Mombasa
- ein Beratungszentrum in Kigali, Ruanda
- ein Beratungszentrum und Schutzhaus in Bukarest, Rumänien
- ein Beratungszentrum und Schutzhaus in Wien, Österreich
- 18 Beratungszentren und acht Schutzhäuser in Deutschland. ...

Heute wende ich mich mit diesem Brief an alle Ordensgemeinschaften und würde mich sehr freuen, wenn einige von Ihnen mit einsteigen würden bei SOLWODI. Ich bin auch gerne bereit, es wäre sogar mein größter Wunsch, von Ihnen in Ihre Gemeinschaft eingeladen zu werden, um auf Ihre Fragen und Überlegungen konkret zu antworten.

Seit 1960, meinem Eintritt, gehöre ich der Gemeinschaft der Missionsschwestern Unserer Lieben Frau von Afrika an. Nach einer Vorbereitungszeit von sieben Jahren wurde ich von meiner Gemeinschaft nach Ruanda/Afrika geschickt, zur Ausbildung von Lehrerinnen. Einige Jahre später habe ich in München ein Aufbaustudium absolviert und mit der Promotion abgeschlossen. Bei meinem zweiten Aufenthalt in Afrika, 1985, habe ich in Kenia das Elend der Frauen und Kinder gesehen und mit der Unterstützung meiner Mitschwestern SOLWODI gegründet. Nach meiner Rückkehr habe ich 1988 SOLWODI auch in Deutschland gegründet. ...

Mein größter Wunsch ist es, dass SOLWODI im Geist von religiösen Schwestern weitergeführt wird. Ich bin jetzt 80 Jahre alt, es ist wichtig, dass weitere Ordensfrauen einsteigen und in der Zentrale SOLWODI weiterführen. Wenn ich so die Situation der Frauen, Migrantinnen, betroffen von Gewalt, Elend, als Ware gehandelt, hilflos, sprachlos, ausgebeutet in unserem Land lebend, ohne Lebenschancen sehe, dann ist die Arbeit von SOLWODI notwendiger und wichtiger denn je.

Um über die Aufgaben für Ordensfrauen nachzudenken, ist es notwendig, die Situation von Migrantinnen, Frauen auf der Flucht, Frauen in aussichtslosen Situationen heute zu bedenken. Gerade Notsituationen waren oft Auslöser für das Engagement von religiös motivierten Frauen. Ich denke zum Beispiel an Mary Ward*, die Gründerin der Congregatio Jesu; sie setzte sich mit Gleichgesinnten ein für die Ausbildung von Mädchen. Mutter Rosa* hat Unmögliches möglich gemacht, um Dienstmädchen den Rücken zu stärken, und die Ursulinen*, um armen Mädchen die Schule zu ermöglichen. Katharina Kasper, die Gründern der Dernbacher Schwestern*, hat sich sehr für Mädchen- und Frauenförderung eingesetzt und eine Ausbildung für Lehrerinnen eingerichtet in einer Zeit, in der es dies im Nassauer Raum nicht gab. Es gibt unzählige Beispiele.

Das Motto war *sehen, urteilen* und dann *handeln*. Aus dem Evangelium heraus waren sie offen, wach und sehend für die Probleme der Frauen in der Gesellschaft ihrer Zeit. Sie haben Hilfen, Abhilfen und Lösungen gesucht, gefunden und konkret umgesetzt. Wir stehen heute wieder vor solch einer schwierigen Situation, denken wir nur an den Handel mit Frauen und Kindern. ...

Meine Frage an Sie, liebe Schwestern, in der Leitung Ihrer Gemeinschaft, ist:

Können Sie in Ihrer Gemeinschaft eine Schwester oder Schwestern motivieren, die Arbeit bei SOLWODI aufzunehmen? Können Sie sich vorstellen, dass Ihre Gemeinschaft die Arbeit von SOLWODI übernimmt? Es gibt in religiösen Gemeinschaften auf Anhieb keine Frauen, die abkömmlich sind. Aber wenn eine solche Aufgabe so brennend vor uns steht, dann sollten Sie/wir dies bedenken.

Gott hilft, das Unmögliche zu realisieren, wenn wir das Mögliche tun. ...

Nun zu meinen weiteren Überlegungen!

Das Haus war ein Kloster und eignet sich sehr für die Arbeit von SOLWODI und auch als geistliches Zentrum in Anbindung an die Kirche auf demselben Areal. Aber es gibt mehrere Probleme zu lösen. Als Dienstsitz, d. h. mit Priester, zeichnet auch die Diözese Trier und beteiligt sich an den entstehenden Kosten. Für die Pfarrei allein ist das zu aufwendig, weil die Sanierung des Daches ansteht. Der Bischof ist bereit, bei den Mietkosten mitzuhelfen, aber es wäre wichtig, dass dieses Haus unter dem Schutz der Diözese bleibt.

Außer der Arbeit von SOLWODI denken wir an ein geistliches Zentrum. Auch daran, in einer kleinen Pfarrei das geistliche Leben zu fördern mit Angeboten von

Bibelabenden, feierlicher Komplet, Andacht, Gottesdienst. Eine Gruppe von religiös motivierten Frauen, die sich regelmäßig trifft, um in der Art von Beghinen* »Kloster in der Welt« zu leben, ist bereits im Entstehen.

Gerne würde ich aber mit Ihnen zusammen weiterüberlegen, wie das Werk Gottes heute gelebt und wie der Dienst an den Rändern, zu dem uns Papst Franziskus immer wieder ermutigt und einlädt, hier an diesem Rand weiter verwirklicht werden kann. Bitte überlegen Sie mit ihrem Team, wie was durch Ihre Gemeinschaft weitergegeben werden kann von den guten Früchten, die der große Baum gebracht hat.

Mit herzlichen Gruß – mit Ihnen gemeinsam auf der Suche nach der Antwort auf den Ruf des Evangeliums im Ordensleben des 21. Jahrhunderts.

Sr. Lea Ackermann

Missionsschwester Unserer Lieben Frau von Afrika

Dezember 2015

## Was ich angefangen habe, war eigentlich unmöglich

Ich bin jetzt 80 Jahre alt. Da kommt schon die Frage auf: Wie viel Zeit habe ich noch? Nicht mehr viel! Es ist ganz eindeutig und ganz unausweichlich klar: Ich habe nicht mehr viel Zeit.

Zu den Glaubensfragen des Alters gehört für mich auch der wachsende Zweifel, ob alles so stimmt, wie ich es immer geglaubt habe.

Fast gleichzeitig – ohne dass es alle Fragen aufheben würde – sage ich: »Lieber Gott, Entschuldigung! Was ich angefangen habe, war eigentlich unmöglich, ohne jede Aussicht auf Gelingen, weil ich buchstäblich nichts hatte, noch nicht einmal Taschengeld. Es gab keine Investitionsbasis. Und doch ist es immer weitergegangen. Oft kam in der letzten Minute noch Hilfe.«

In Kenia zum Beispiel hat SOLWODI jetzt 34 Beratungsstellen, ein Schutzhaus für Waisenkinder, Ausbildungsstätten, Selbsthilfegruppen, eigene Bäckereien, die von Frauen betrieben werden. Jedes Jahr werden zwei unserer Frauen, die Fußball spielen, vom Deutschen-Fußball-Verband Rheinland zu einem Trainerseminar eingeladen. Sie kommen stolz nach Kenia zurück und trainieren mit den Mädchen, die in die Schulen kommen, und bauen deren Selbstwertgefühl auf. Inzwischen haben wir 57 Mädchenfußballclubs.

Wenn ich das alles sehe, wie es sich entwickelt hat und sich weiter entwickelt, dann komme ich zu dem Schluss: Der liebe Gott muss seine Hand schützend über uns gehalten haben.


## »Auf dich, Herr, vertraue ich«

Ich sehe die Suche aller Menschen nach dem, was wir Gott nennen, nach einem letzten Grund, einem ewigen Halt. Das spüre ich vor allem in Afrika bei notleidenden Frauen und Kindern. Eine ganz arme Frau hat zu mir gesagt: »Der liebe Gott hat mich noch nie im Stich gelassen.« Dieser Glaube, dieses Suchen faszinieren mich. Es ist wirklich eine Suche aller Menschen. Ich erfahre und sehe sie auch in anderen Religionen und Kulturen. Bei Muslimen, bei

Hindus, bei Buddhisten, in allen Kulturen sehe ich sie. Ich war im Januar 2016 in Indien. Der Tempel, den ich besucht habe, war voller begeisterter Menschen. Alte, Junge gehen dorthin, weil sie glauben, dass es etwas Größeres, etwas Tieferes, etwas Weiteres gibt als sie selbst.

Alle Menschen sind auf der Suche nach ihrem Ursprung und nach ihrem Ziel. Einige geben bei dieser Suche auf, weil sie zum Ergebnis kommen, dass es nichts zu finden gibt. Andere finden etwas, dem sie nachfolgen können, etwas, das ihrem Leben einen Sinn gibt.

Es gibt etwas, was die Suche wert ist. Außerdem finde ich den Gedanken, dass ich auf der Suche überrascht werden könnte, auch schön.

Es gibt eine Macht, die mich als Menschen ins Werden gerufen hat. Es gibt auch eine Kraft, die das, was ich begonnen habe, nicht untergehen, nicht zuschanden werden lässt.

»Auf dich, Herr, vertraue ich!«

Ich glaube, dass Gott zur Stärkung dieses Vertrauens Jesus in die Welt geschickt hat. Davon bin ich fest überzeugt. Auch die sichersten Atheisten können mir nicht das Gegenteil beweisen. Sie müssen auch *glauben*. Wie ich. Ich sehe es jedenfalls so.

Für mich gibt es viele Gründe, an Jesus zu glauben und dem nachzugehen, was er vorgelebt hat.


## Loslassen

Der Gott, der uns ins Leben gerufen hat, hat uns eine begrenzte Zeit gegeben. Wir wissen nicht genau, wie lange diese geschenkte Zeit dauert. Aber sicher wissen wir, dass unsere Zeit begrenzt ist.

Deshalb finde ich es auch so irrsinnig, dass es Menschen gibt, die in der kurzen Zeit, die sie zu leben haben, raffen und raffen und raffen. Sie können nichts mitnehmen. Wenn man in die Gräber der Pharaonen schaut oder auf die Grabbeigaben in der frühen Menschenzeit, dann steht dahinter der Glaube, dass es immer weitergeht. Nur in einer anderen, nicht vorstellbaren Welt. So kann man es auch sehen. Aber Faktum ist: Alles, aber auch wirklich alles geht irgendwann einmal zu Ende.

Ich habe den Wunsch, dass man mir ein kleines Kreuzchen mit in den Sarg legt. Obwohl ich der Überzeugung bin: Wir können nichts mitnehmen. Wir gehen arm aus dieser Welt heraus. So arm, wie wir hereingekommen sind.

Meinen Kolleginnen sage ich immer wieder: Ich habe so viel Glück gehabt. Ich wurde von liebenden Eltern großgezogen und mein Vater ist wieder heil aus dem Krieg zurückgekommen. So viele Chancen habe ich in meinem Leben gehabt! Ich habe sie nicht alle genutzt. Aber jetzt geben wir Frauen, die nie in ihrem Leben Glück gehabt haben, *eine* Chance. Wir dürfen nicht enttäuscht sein, wenn sie sie nicht nutzen können.

## Die Macht der Ohnmächtigen
## Wer ein Leben rettet, rettet eine ganze Welt

### Ans Licht gebracht

Ich erinnere mich an eine junge Frau, die mit 17 Jahren in einem großen Bordell in Deutschland eingeschlossen war. Neun Monate hat sie das Tageslicht nicht gesehen. Während eines Festes, an dem alle Männer, auch die Türsteher, betrunken waren, konnte sie abhauen. Sie hat ein Taxi gerufen und sich zur Polizei fahren lassen. Die Polizei hat bei uns angerufen und mitgeteilt, dass sie mit ihr nicht zurechtkämen. Sie konnten ihre Sprache nicht verstehen und haben uns um eine Übersetzerin gebeten. Wir haben eine Übersetzerin gestellt. Sie kam dann zu uns. Die ersten acht Tage hat sie sich im Bett vergraben, hat die Decke über den Kopf gezogen, hat wahnsinnige Angst gehabt. Als sie gesehen hat, dass wir ihr wirklich helfen konnten, war sie nicht mehr zu bremsen. Sie hat über die Stränge geschlagen. Dann rief die Leiterin der Beratungsstelle bei mir an und sagte: »Lea, die bringt uns den ganzen Laden durcheinander! Wir können sie nicht hierbehalten!« Wir verlegten sie in eine andere Beratungsstelle in der Hoffnung, dass eine andere Leiterin besser mit ihr zurechtkommen würde. Vier Wochen später: derselbe Anruf. Meine Antwort: »Dann können wir ihr nicht helfen. Wir haben ihr schon zwei Chancen gegeben. Dann müssen wir sie rauswerfen!« Aber dann der Satz der Leiterin: »Spinnst du, Lea? Wir können sie doch nicht rauswerfen, die ist ja noch ein Kind!« Wir brachten sie in ein Haus, in dem die Leiterin – eine Frau mit Charisma – jede behandelt wie »die Gräfin von und zu«. Und plötzlich ging sie jeden Tag in die Schule und hat ihren Abschluss gemacht. Jetzt auf einmal konnte sie ihre dritte Chance ergreifen. Vorher nicht. So versuchen wir zu helfen.

Als ich mit meiner Arbeit anfing, habe ich dem lieben Gott gesagt: Wenn ich *einer* Frau dazu verhelfen kann, dass sie wieder ihre Füße auf den Boden bekommt, dann hat sich mein Einsatz gelohnt. Wer ein Leben rettet, rettet eine ganze Welt. Ich fühle mich durch meine Arbeit in meinem Glauben bestätigt.

Es würde mich im Augenblick ein wenig glücklicher machen, wenn ich mehr abgeben könnte. Eingestehen muss ich immer wieder, dass ich auch nicht von Zweifeln frei bin. Alles, was ich unternommen habe, habe ich dokumentiert. Aber manchmal frage ich mich auch, wen das überhaupt interessiert.

Andererseits bin ich auch wieder und wieder dankbar für alles, was gutgegangen ist. Das erfüllt mich mit Genugtuung. Aber ich weiß eben auch, dass meine Zeit immer schneller abläuft. Und wenn ich ehrlich bin: Allzu alt möchte ich gar nicht werden. Es kann auch eine ganz große Last sein, alt zu werden.

Ich fühle mich mit und in meinem Glauben wie in einer Liebesbeziehung. Ich vertraue darauf, dass mein Partner mir treu bleibt – und umgekehrt. Gott hat mir so viel Halt gegeben, hat mich nicht im Stich gelassen – bis zum heutigen Tag. Soll das alles eine große Illusion gewesen sein? Das glaube ich nicht. Obwohl ich dann manchmal wieder denke: Warum soll der Gott, der so unaussprechlich, so unbegreiflich ist, sich gerade jetzt um mich kümmern?

Während meines ganzen Lebens habe ich auf Gott vertraut. Auch jetzt wird er mich nicht enttäuschen. Das hoffe ich. Wie SOLWODI angefangen hat, wie es gewachsen und weitergegangen ist, das ist die eine Krücke, auf die ich mich in meinem Glauben stütze. Die andere Krücke: Selbst wenn es jetzt mit dieser Arbeit aus wäre, wäre es sinnvoll gewesen.


## Macht und Ohnmacht

Was mich ein Leben lang – nicht nur in meiner Arbeit, auch in meinem Glauben – beschäftigt hat, war immer wieder das Thema Macht und Ohnmacht. Auch die Ohnmacht der Mächtigen und die Macht der Ohnmächtigen. Diese Formulierungen machen einen inneren Widerspruch offenbar, weil das Wort »Ohnmacht« *ohne Macht* bedeutet.

Können Ohnmächtige mächtig sein? Oft frage ich mich beim Lesen einer Zeitung: Wie mächtig sind sie eigentlich, die Mächtigen? Wie mächtig ist Putin, der ein brisantes machtpolitisches Spiel spielt? Wie mächtig ist die Europäische Union, die sich durch den Dschungel von nach oben strebenden Regierungen und Wirtschaftsbossen einen Weg, einen Einflussbereich sucht? Wie mächtig ist der Papst, der mehr Barmherzigkeit fordert, durch sein persönliches Beispiel vorangeht – und doch in seiner Kirche in entscheidenden Fragen so wenig Erfolg hat?

Umgekehrt frage ich mich: Gibt es eine Macht der Ohnmächtigen? Wie mächtig und einflussreich war und ist Mutter Teresa, die als Heilige verehrt wird? Mutter Rosa* von den Waldbreitbacher Franziskanerinnen? Friedrich Spee*, der zur letzten Station von gequälten Frauen geschickt wurde, die als Hexen verbrannt wurden? Oscar Romero* aus El Salvador, der irgendwann einmal aufhörte, seine Theologie in der Welt kluger Bücher zu lesen, sondern in der Welt der Armen und Entrechteten? Jon Sobrino*, der seine Stimme erhoben hat, als sechs seiner Mitbrüder und einige Frauen von den Mordkommandos der salvadorianischen Mächtigen ermordet wurden? Wie ist es überhaupt mit solchen christlichen Vorkämpfern, die ohnmächtig waren? Die im Sinne Jesu den letzten Platz einnehmen und Diener aller sein wollten (vgl. Mt 9,35)? Sind sie auf diesem »letzten Platz« nicht besonders gefährlich geworden: den Besserwissern, den Klugen dieser Welt, den binnensolidarischen Ständen und Seilschaften, der Fassadenwelt der oberflächlich Gerechten, den Reichen und rituell Reinen?

Vielleicht war dies die Philosophie Jesu: Der letzte Platz ist auf lange Sicht immer der erste Platz. Wer dient, wer den Menschen ihre Würde bewusstmacht und ihnen zum Leben verhilft, ist ein Erbauer und ein Meilenstein auf dem Weg des Friedens.

Wer herrscht, statt zu dienen, dient im Grunde zu nichts.

Als Karl Marx* und Friedrich Engels* 1848 ihr »Kommunistisches Manifest« schrieben, begannen sie es mit dem legendären Satz: »Ein Gespenst geht um in Europa – das Gespenst des Kommunismus.« Vor diesem Gespenst sollten sich die Mächtigen fürchten: die Kapitalisten und ihre Helfershelfer in Politik, Militär, Bürokratie und Kultur. Alles »Eliten«, die durch die Solidarität der Massen von Armen und Ausgebeuteten entmachtet werden sollten. Motto: »Proletarier aller Länder, vereinigt euch!«

Bis heute ist diese Utopie von Marx und Engels eine absurde Utopie geblieben. Die Machthaber des real existierenden Kommunismus und Sozialismus haben hinreichend bewiesen, dass Macht *alle* korrumpiert.

Wer auf Macht aus ist, wird immer machthungriger. Macht ist wie Meerwasser. Je mehr man davon trinkt, desto durstiger wird man.

Ich gebe zu, dass ich bei allen Machenschaften der Mächtigen eine Idealistin geblieben bin. Auch ich würde gern ein Manifest verfassen – kein kommunistisches, sondern im Sinne Jesu ein feministisches – und im letzten Satz ausrufen: »Frauen aller Länder, vereinigt euch! Werdet euch der Tatsache bewusst, dass ihr immer noch zu den Entrechteten, zu den Armen und Ausgebeuteten gehört.«

Ein paar Zahlen:

- 70 Prozent der Armen weltweit sind weiblich.
- 70 Prozent der unbezahlten Arbeit weltweit wird von Frauen verrichtet.
- Frauen besitzen lediglich ein Prozent des globalen Vermögens.
- Zwei Drittel aller Analphabeten weltweit sind weiblich.

## Entrechtung macht Handeln erforderlich

Ja, trotz alledem glaube ich an eine scheinbar unrealistische Utopie – wenn auch mit *christlichem* Vorzeichen.

Ich glaube an die Botschaft Jesu.

Im Neuen Testament heißt es beim Evangelisten Matthäus, dass der Menschensohn beim Weltgericht die Schafe von den Böcken scheidet, also die Guten von den Bösen. Dabei urteilt Jesus nicht danach, wie viel Mammon einer oder eine angehäuft hat, wie oft er oder sie im Tempel war, ob eine oder einer stets befolgte, was die Pharisäer und Hohepriester befahlen. Das alles interessiert Jesus nicht; für ihn ist wichtig: »Ich war hungrig, und ihr habt mir zu essen gegeben; ich war fremd und obdachlos, und ihr habt mich aufgenommen; ich war nackt, und ihr habt mir Kleidung gegeben; ich war krank, und ihr habt mich besucht; ich war im Gefängnis, und ihr seid zu mir gekommen.«

»Wann und wo soll denn das gewesen sein?«, fragen die Guten da erstaunt und Jesus entgegnet: »Was ihr für eines meiner geringsten Geschwister getan habt, das habt ihr mir getan.«

Jesus setzt nicht auf den großen revolutionären Entwurf wie Marx und Engels, um die Menschheit zu heilen. Er setzt ganz schlicht auf das Dienen in Liebe, um Menschen heiler, erlöster werden zu lassen

## Frauen und Männer sind gleichberechtigt

Wenn ich an die Gleichberechtigung von Frauen und Männern denke, fällt mir sofort Olympe de Gouges* ein. Sie gehört zu den wichtigsten Vorläuferinnen der Frauenbewegung. Zwar war die neue Frauenbewegung in Deutschland schon Ende der 1960er Jahre aufgebrochen. Aber erst 1979 begann sie ihre historischen Vorbilder zu erforschen, die von der männlichen Geschichtsschreibung aus der Geschichte getilgt worden waren.

Der »Gesellschaftsvertrag«, die bedeutendste Schrift des Aufklärungsphilosophen Jean-Jacques Rousseau, beginnt mit dem sprichwörtlichen Satz: »Der Mensch ist frei geboren, doch überall liegt er in Ketten.« Diese Ketten zu sprengen und die Volksherrschaft an sich zu reißen, betrachtete Rousseau als Vorrecht der Männer. »Frauen«, empfahl er, »sollten sich auf die häusliche Regierung beschränken, sich nicht um das Draußen kümmern, in häuslicher Zurückgezogenheit bleiben.«

Olympe de Gouges hatte da offenbar etwas falsch verstanden. An den Anfang ihrer Streitschrift »Erklärung der Rechte der Frau« stellte sie analog zu Rousseau den Satz: »Die Frau ist frei geboren und dem Mann an Rechten gleich.« Für diese Vermessenheit wurde Olympe de Gouges am 3. November 1793 von den radikalen Jakobinern in Paris geköpft.

Dass Frauen nicht mitgemeint sind, wenn Männer Freiheit und Gleichheit fordern, wurde mir 1979 auf der philippinischen Insel Negros bewusst. Ein linker Gewerkschafter hatte mich zu einem geheimen Treffen mitgenommen, auf dem ein Streik der Zuckerrohrarbeiter vorbereitet werden sollte. Sie wollten sich dagegen wehren, dass die Plantagenbesitzer sie wie Sklaven ausbeuteten. Die konspirative Zusammenkunft fand im Haus des Gewerkschaftsführers statt – eines gebildeten, kultivierten Marxisten.

Zehn rebellische Männer redeten auf mich ein, während uns zwei stille Frauen mit Speisen und Getränken bewirteten: die Ehefrau des Gastgebers und seine älteste Tochter. So leise, wie sie gekommen waren, verschwanden die beiden auch wieder.

»Warum essen sie nicht mit uns?«, fragte ich.

»Frauen essen in der Küche!«, antwortete der Marxist.

Der Marxismus begreift die Frauenfrage als »Nebenwiderspruch«, dem »Hauptwiderspruch« zwischen Kapital und Arbeit untergeordnet.

Die Sozialistin Clara Zetkin* sagte 1898 auf einem internationalen Arbeiterkongress, nur »der organisierte revolutionäre Klassenkampf aller Ausgebeuteten ohne Unterschied des Geschlechts« führe zur Überwindung des Hauptwiderspruchs und zu Freiheit und Gleichheit. Denn – ich zitiere –: »Die Geschichte lehrt, dass die Geschlechtssklaverei der Frau sich auf Grundlage des Privateigentums und in Verbindung mit ihm entwickelt hat.«

Mein Erlebnis auf der Insel Negros hat mich gelehrt, dass auch Marxisten Privateigentum lieben. Auch wenn sie nichts besitzen, so besitzen sie doch immer noch ihre Frauen, die sie wie Sklavinnen behandeln können.

Clara Zetkin verachtete die Erste Frauenbewegung im deutschen Kaiserreich als »bürgerlich«. In der Tat gaben gemäßigte Frauen wie Helene Lange* und Gertrud Bäumer* den Ton an. Diese stritten nicht konsequent für Gleichberechtigung, sondern vor allem für den Zugang von Mädchen zu Bildung und Berufsbildung. Radikal Frauenbewegte wie Lida Gustava Heymann* und Anita Augspurg* wollten mehr: zum Beispiel Demokratie für alle – inklusive Frauenstimmrecht. Und sie setzten sich für besonders entrechtete Frauen ein: für die Prostituierten, die als Abschaum der Gesellschaft galten, deren Dienste aber gern sowohl von Kapitalisten als auch von Proletariern in Anspruch genommen wurden. Auf einem im Januar 1899 in Hamburg verteilten Flugblatt schrieben Heymann und Augspurg: »Wir verurteilen die Prostitution, welche die Frau zur Ware herabstempelt!«

## Die Lehre vom Busbahnhof in Manila

Meine Erfahrung vom Busbahnhof in Manila 1980 wird wieder wach. In fast allen Überlandbussen kamen junge, naive Frauen vom Land an. Sie hofften in der Stadt Arbeit zu finden, um ihre Hunger leidenden Familien unterstützen zu können. Sobald sie aus den klapprigen Bussen gestiegen waren, stürzten sich die Zuhälter und Menschenhändler auf sie: einheimische Männer, ebenfalls arm. So oft es nur ging machten ihnen Ordensfrauen einen Strich durch die Rechnung. Die Zuhälter und Menschenhändler – die meisten katholisch erzogen – wagten es nicht, sich den Schwestern in den Weg zu stellen. So gelang es diesen kämpferischen Nonnen, junge Frauen vom Land unter ihre Fittiche zu nehmen und sie davor zu bewahren, als billige Ware für Sextouristen aus den reichen Industrienationen zu enden.

Wie bereits gesagt: Ich bewunderte das Engagement der philippinischen Ordensfrauen für die Armen. Doch auf dem Busbahnhof 1980 in Manila begriff ich, dass einige, wenige Schwestern längst einen Schritt weitergegangen waren, weil sie erkannt hatten, dass arme Frauen viel ärmer dran sind als arme Männer.

## Weltfrauenkonferenz der UNO 1985 in Nairobi

Meine Aussendung durch meine Provinzialoberin nach Kenia nutzte ich, um an der Weltfrauenkonferenz der UNO 1985 in Nairobi teilzunehmen. Dort machte ich weitere wichtige Erfahrungen zum Thema »Macht und Ohnmacht«.

In einem Workshop über die traditionelle Polygamie in Afrika meldete sich eine alte Kikuyu-Bäuerin aus Kenia zu Wort – eine Analphabetin.

> »Was ist Tradition?«, fragte sie. »Die weißen Südafrikaner betrachten es als ihr gutes Recht«, fuhr sie fort, »dass alle Parkbänke ihnen gehören. Schwarzen Südafrikanern ist es nicht gestattet, sich auf eine Parkbank zu setzen: Tradition!«

Ich zitiere wörtlich weiter:

> »Ein Kikuyu-Mann betrachtet es als sein alleiniges Recht, Hühnerfleisch zu essen, weil es knapp und kostbar ist. Den Frauen ist das nicht erlaubt. Tradition! Alle schwarzen Männer betrachten es als ihr gutes Recht, mehrere Frauen zu haben; Frauen hingegen dürfen nur einen einzigen Mann heiraten. Tradition!«

Die alte Kikuyu-Bäuerin appellierte an das Auditorium:

»Gerade wir Frauen sollten solche Traditionen hinterfragen!«

Für den weißen Südafrikaner sei sein traditioneller, alleiniger Anspruch auf die Parkbank ein Symbol für seinen generellen Machtanspruch über angeblich minderwertige Schwarze. Für den schwarzen Kikuyu-Mann sei sein traditioneller, alleiniger Anspruch auf das rare Hühnerfleisch Symbol für seinen generellen Machtanspruch über angeblich minderwertige Frauen. Und die traditionelle Polygamie sei *das* Symbol schlechthin für die Ohnmacht der Frauen und die Macht der Männer.

»Sie erlauben sich alles, und wir dürfen nichts. Und das wird uns als Tradition verkauft! Scheinbar unveränderbar! Aber, meine Schwestern, wir *können* es ändern!«, verkündete die alte Bäuerin leidenschaftlich.

Bildung ohne Bewusstsein bewirkt überhaupt nichts für Frauen, wie das Beispiel des kultivierten Marxisten auf der Insel Negros gezeigt hat. Aber Frauenbewusstsein mit und ohne Bildung kann zu erhellenden Erkenntnissen und revolutionärem Tatendrang führen. Das hat mich eine Analphabetin gelehrt. Diese Kikuyu-Bäuerin hatte sich all das selbst angeeignet, was unter »Empowerment« verstanden wird. »Empowerment« – »Ermächtigung von Frauen« war das zentrale Thema auf der Weltfrauenkonferenz in Nairobi.

Ermächtigung von Frauen durch:

- *Selbstbewusstsein,* wozu auch die Befähigung zur Artikulation eigener Bedürfnisse und Interessen gehört so-

wie die Wahrnehmung und Nutzung von Handlungs-
spielräumen, die vorher nicht existent zu sein schienen.
- *Selbstbestimmung,* auch über den eigenen Körper.
- *Rechtsbewusstsein,* das Unrecht erkennt und sich dagegen wehrt.
- *Solidarität,* die die Erkenntnis einer gemeinsamen,
nicht persönlich verschuldeten, sondern gesellschaft-
lich verursachten Notlage voraussetzt.

## Ein Weg aus der Ohnmacht

Ich muss noch ein wenig in Kenia verweilen. Es erscheint
mir notwendig, ausreichend informiert zu sein.

Kenia ist eines der ärmsten Länder der Erde. 50 Prozent
der Bevölkerung leben unterhalb der Armutsgrenze. Besonders Frauen haben es schwer, der Armut zu entrinnen.

Traditionsgemäß genießen Mädchen aus der armen Bevölkerungsschicht keine oder nur eine minimale Schulbildung. Sie werden meist jung verheiratet und bekommen
früh viele Kinder. Stirbt der Ehemann oder verlässt er die
Familie – was gang und gäbe ist –, sehen die Frauen die Prostitution oft als einzige Möglichkeit der Existenzsicherung.
Dies begünstigt den dramatischen Anstieg der Aids-Sterb-
lichkeit und die Anzahl der Aids-Waisen – in Kenia weit
über eine Million Kinder und Jugendliche. Extrem viele
Mütter aus der armen Bevölkerungsschicht sind Alleiner-
ziehende. Stirbt die Mutter, »vererbt« sie traditionell die
Sorgepflicht an ihre älteste Tochter. Auch diese verwaisten
Mädchen, die nun die Verantwortung für ihre Geschwister
tragen, sehen sich meist zur Prostitution gezwungen.

Einige aktuelle Zahlen aus einer UNICEF-Studie

- 10–15.000 Mädchen an der kenianischen Küste rund um Mombasa sind Gelegenheitsprostituierte.
- 2–3000 Mädchen sind Vollzeitprostituierte.
- 45 Prozent der Mädchen, die sich gelegentlich oder täglich prostituieren, waren zwischen zwölf und 13 Jahren alt, als sie in die Prostitution einstiegen. Jede Zehnte war jünger als zwölf Jahre.
- Die Freier dieser Kinderprostituierten sind zu einem Drittel kenianische Männer. Die zwei anderen Drittel sind Sextouristen, angeführt von Italienern, Deutschen und Schweizern.

UNICEF befragte auch Kenianer und Kenianerinnen in Schlüsselfunktionen in der Touristikbranche, in Behörden und in der Lokalpolitik. 75 Prozent der Befragten betrachten den profitbringenden Kindersextourismus als »normal« und »tolerabel«. Lediglich 20 Prozent hielten ihn für »amoralisch«.

Aber wir sollten uns in Deutschland nicht herausreden mit dem Elend der Frauen in anderen Ländern. Bei uns – in einem reichen Land – sieht die Situation der Frauen auch nicht gerade rosig aus. Zumal die spezifisch mittel- und osteuropäischen Probleme und neuerdings auch die Flüchtlingswanderungen verstärkt auf Deutschland einwirken.

Das Thema »Macht und Ohnmacht« gewinnt neue Konturen. In ihnen tauchen aber wieder die hässlichen Gesichter der alten auf. Sie hängen mit der Natur des Menschen zusammen. Da mache ich mir keine Illusionen. Aber die Möglichkeit, sich für das Gute zu entscheiden, bleibt auch eine Option. Sie ist nicht die schlechteste!

## SOLWODI in Deutschland

Die Frauen, die als Opfer von Menschenhändlern nach Deutschland kommen, stammen zum Großteil aus ehemaligen Ostblockstaaten, aber auch aus Asien, Afrika und Lateinamerika. In ihrer Heimat leiden sie meist an Armut, Arbeitslosigkeit und dem Fehlen jeglicher Perspektiven. Das Gros dieser jungen Frauen will einfach nur Arbeit. Ein Mitglied des Menschenhändlerrings – oft bekannt oder verwandt mit dem Opfer – verspricht eine Beschäftigung als Dienstmädchen, Bedienung, Erntehelferin oder Ähnliches. In der Hoffnung, endlich genug Geld für sich und ihre Familien verdienen zu können, lässt sich manch eine sogar bewusst als Prostituierte anwerben. Wie auch immer: Keine weiß, was sie in Deutschland erwartet.

Oft werden die Opfer durch tagelange Gruppenvergewaltigungen und durch Morddrohungen gegen ihre Familien in der Heimat gefügig gemacht. Wenn sie »zugeritten« sind, wie es im Zuhälterjargon heißt, beginnt ihr Leidensweg durch die deutschen Bordelle. Manchmal sehen sie monatelang den Himmel, wenn überhaupt, nur durch ein Fenster.

## Zum Beispiel Manja aus Tschechien

Als sie zu uns kam, war sie 18. Sie hatte zwei schreckliche Jahre in Deutschland hinter sich, wo sie in acht verschiedenen Bordellen und Städten zur Prostitution gezwungen worden war.

Manja war das erste, uneheliche Kind ihrer Mutter, die nach ihrer Heirat weitere fünf Kinder bekam. Von ihrem Stiefvater wurde Manja nie akzeptiert. Auch ihrer Mutter war sie eine Last. In die Schule ging Manja nur unregelmäßig, weil die Mutter sie zum Betteln schickte. Manja traute sich erst dann wieder nach Hause, wenn sie wenigstens eine Kleinigkeit vorweisen konnte, sonst drohten ihr Schläge.

Als Manja wieder bettelte, wurde sie von einem Mann und einer Frau angesprochen. Die beiden fragten sie, ob sie Interesse an einer langfristigen, gut bezahlten Beschäftigung habe, auch wenn sie dafür in ein anderes Land umziehen müsse. Manja konnte ihr Glück nicht fassen und ergriff die Gelegenheit beim Schopf.

Bereits zwei Tage später wurde sie mit einem Lkw, auf dessen Ladefläche mehrere Mädchen saßen, nach Deutschland in das erste Bordell gebracht. Dort wurde Manja geschlagen, vergewaltigt und mit Drogen gefügig gemacht. Immer wieder musste sie die Stadt wechseln. Jeder Tag brannte sich in ihr Gedächtnis ein.

Eines Tages erschien die Polizei. Manja wurde mitgenommen und verhört. Doch sie sagte nichts, sie hatte Angst. Ihr war gedroht worden, es gebe keinen Ort auf der Welt, an dem sie sicher sei, wenn sie etwas von dem preisgebe, was sie erlebt hatte. Erst beim zweiten Verhör fasste sie ein wenig Zutrauen zur Dolmetscherin. Diese informierte das Mädchen über die Hilfsmöglichkeiten in Deutschland. Da begann Manja stockend eine Aussage zu machen: so detailliert und glaubwürdig, dass sie in den Zeugenschutz aufgenommen und in einer unserer Schutzwohnungen untergebracht wurde. Manja trat als sehr gute Zeugin in einem Strafprozess gegen ihre Peiniger an. Mehrere Täter wurden abgeschoben, zwei Männer und eine Frau wurden zu Gefängnisstrafen verurteilt.

## Wir wollen auch politisch wirken

SOLWODI war nie einfach nur eine Hilfsorganisation. Wir wollen immer auch politisch wirken. Das heißt: Wir versuchen, ein Unrechtsbewusstsein für Verbrechen zu wecken, die, wenn überhaupt, als Kavaliersdelikte gelten. Wir fordern schon lange die Bestrafung von Freiern, die sich wissentlich Zwangsprostituierte kaufen. Mehr noch: Ich bin für das schwedische Modell. In Schweden wird nicht zwischen »freiwilliger« und »unfreiwilliger« Prostitution unterschieden. Dort ist jeder Kauf »sexueller Dienste« verboten. Die Freier, die das trotzdem tun, müssen mit Geld- und Gefängnisstrafen rechnen. Dahinter steckt der Gedanke, dass die Freier durch ihre »Nachfrage« das »Angebot« überhaupt erst erzeugen – und dass Prostitution immer eine Verletzung der Menschenwürde von Frauen und Mädchen ist.

Vor allem verlangt SOLWODI Wiedergutmachung. Wenn einer Ausländerin in Deutschland Gewalt angetan wird, dann muss sie auch in Deutschland dafür entschädigt werden. Unter anderem durch Schulbildung und Berufsausbildung, damit sie sich eine eigenständige und selbstbestimmte Existenz aufbauen kann. Wie Manja aus Tschechien, die eine deutsche Schule besucht hat und eine gute Schülerin war. Nach anfänglich großen Schwierigkeiten mit Disziplin und Zuverlässigkeit half ihr der eigene Wille, etwas zu lernen und endlich eine echte Chance zu nutzen.

## Für ein neues Bewusstsein

Macht und Ohnmacht wechseln schnell. So schnell, dass sie manchmal kaum zu unterscheiden sind. Das erlebe ich, das erleben wir in unserer täglichen und nächtlichen Arbeit.

Olympe de Gouges würde das gefallen. Auch Lida Gustava Heymann und Anita Augspurg. Und erst recht der alten Kikuyu-Bäuerin von der Weltfrauenkonferenz in Nairobi. Mir gefällt es sowieso. Und ich könnte mir vorstellen, dass es auch Jesus gefiele.

Ich habe jetzt lange von meiner Tätigkeit und der Arbeit meiner Mitarbeiterinnen berichtet. Es waren keine Theorien. Als Nonne, früher für Afrika bestimmt, war auch ich machtlos und ohne besonderen Einfluss.

Aber ich habe die Erfahrung gemacht: Wenn Menschen sich zusammentun, um einem Übel in der Welt abzuhelfen, dann kann aus einer kleinen Initiative eine große Bewegung werden. Ein neues Bewusstsein kann entstehen. Und das Schöne ist: Wenn es um das Heil von Menschen geht, dann ist Gott immer mit dabei.

*Blick zurück nach vorn*
# Wut, Sehnsucht und Hoffnung

## Wenn der Tod näherkommt

Wenn mich jemand fragen würde, wie ich sterben möchte, dann würde ich spontan nicht sagen: kurz und schmerzlos. Eher – es ist fast zum Lachen –: »Lieber Gott, lass mich erst noch ein bisschen meinen Schreibtisch aufräumen und ein paar Sachen, die herumliegen, verteilen.«

An einer langen Krankheit leiden, ein Pflegefall werden, das möchte ich auch nicht. Aber ich müsste es auch akzeptieren, wenn Gott zu mir sagen würde: »Das fehlt dir gerade noch. Diese Erfahrung hast du noch nicht gemacht.«

Ich konnte nie verstehen oder nachvollziehen, wenn die Kirche und die Theologen sagten, dass langes Leiden im Prozess des Sterbens sinnvoll sei, weil man dadurch das Leiden Jesu nachvollziehen würde. Ich glaube nicht, dass Jesus für unsere Sünden gestorben ist. Jesus war gut, er hat Gutes getan, er war so, wie er nach dem Willen Gottes sein sollte. Damit kommt eine Welt, wie sie sich gegenwärtig zeigt, schwer oder gar nicht zurecht. Es geht doch nicht darum, in seiner Nachfolge zu leiden! Es geht darum in der Nachfolge Jesu unbedingt Gutes zu tun. Die ganze Leidenstheologie, die man seitens der Kirche über lange Zeit vertreten hat, erscheint mir wie ein schwaches, blasses Gedankenkonstrukt.

## »Die Party kann beginnen«

Es kommt am Ende darauf an, dass ich im Sterben nicht alleingelassen bin, dass ich die Begleitung, die Hand eines anderen Menschen spüre und die Hoffnung habe, dass ich nach meinem unausweichlichen Tod vielleicht einen anderen Raum betrete, eine neue Dimension erfahre, wo ich glücklich bin. Und dass, wie die Bibel es im Buch der Offenbarung des Johannes sagt, meine Tränen in Freude verwandelt werden.

Ich muss gestehen, dass ich noch nie dabei war, wenn jemand gestorben ist. Ich war nicht dabei, als Pater Köster starb. Ich habe es auch in Afrika nie miterlebt, wenn jemand gestorben ist. Auch beim Tod meiner Mutter war ich nicht dabei. Ich war bei ihr während ihrer letzten acht Lebenstage, habe in ihrem Zimmer auf einem Schaukelstuhl geschlafen. Als ich dann wieder zu Hause war, gekocht und gerade die Blumen geschnitten habe, kam der Anruf von der Schwester, die bei ihr war: »Lea, ich glaube, deine Mutter ist gestorben.« Ich habe mich richtig geärgert, dass ich nicht dabei war.

Bevor mein Vater starb, war ich zwei Tage bei ihm zu Hause. Aber wir konnten nicht über sein Sterben, über seinen nahen Tod miteinander sprechen. Das hat mir sehr leidgetan. Es war an einem Pfingstsonntag. Ich ging in die heilige Messe und betete inständig um die Gnade, mit ihm über den Tod sprechen zu können. Wir waren doch Christen und glaubten fest daran, dass wir im Tod mit Gott eine ganz neue, beglückende Erfahrung machen. Und nun war mein Vater so weit und es gab eine große Scheu, dieses Thema anzusprechen. Nach dem Pfingstgottesdienst kam ich schnell nach Hause und setzte mich wieder ans Bett meines sterbenden Vaters. Und da sagte er plötzlich: »Sag' mal, was glauben wir Christen eigentlich, was nach dem Tod kommt?« Ich empfand es wie ein Wunder und konnte ihm sagen, dass ich glaube, dass Gott uns erwartet in einer anderen Welt und dass er uns im Sterben nicht im Stich lässt. Dann ging ich wieder zurück ins Kloster. Zwei Tage später ist er gestorben. Meine Mutter, die bei seinem Tod dabei war, hat mir erzählt, dass er auf einmal ganz strahlend ausgesehen habe.

Ich hoffe unbeirrt, trotz aller Zweifel, darauf, dass es am Ende gut ausgeht. Dass das ewige Lachen die zeitlichen Tränen vergessen macht.

Pater Köster lag da mit einem Lächeln in der Stunde seines Sterbens. Ich habe in diesem Augenblick nicht mit seinem Tod gerechnet. Nach der Dialyse, zu der er dreimal in der Woche ins Krankenhaus gebracht wurde, behielten ihn die Ärzte da. Verschiedene Untersuchungen wurden mit ihm gemacht. Er bekam neue Medikamente. Er war schwach, aber es ging ihm gut. Dennoch blieb ich die Nacht über in seinem Zimmer. Als der letzte Besucher gegangen war, habe ich ihn gefragt: »So, Fritz, was trinken wir jetzt? Einen Sekt? Ein Bier? Ein Glas Sprudel?« Er wollte ein Bier. Als er es in der Hand hielt, schaute er mich an und sagte: »Die Party kann beginnen!« Das war sein letzter Satz: »Die Party kann beginnen!«

Wie gesagt: Ich blieb im Zimmer und legte mich beruhigt schlafen. Am Morgen gegen vier Uhr sah ich nach ihm. Er war kalt und ich deckte ihn deshalb besser zu. Gleich darauf kamen die Krankenschwestern zur Visite und sagten mir dass er gestorben war.

Er wird alle Tränen abwischen von ihren Augen

Da hörte ich eine laute Stimme vom Thron her rufen:
Seht, die Wohnung Gottes unter den Menschen!
Er wird in ihrer Mitte wohnen,
und sie werden sein Volk sein;
und er, Gott, wird bei ihnen sein.
Er wird alle Tränen von ihren Augen abwischen:
Der Tod wird nicht mehr sein.
Keine Trauer,
keine Klage,
keine Mühsal.
Denn was früher war,
ist vergangen.
*Neues Testament, Offenbarung des Johannes 21,3–4*

## Was mich wütend macht

Wütend macht mich vieles. Gegenwärtig besonders, dass wir in Deutschland sehr einflussreiche Frauen an der Spitze der Politik haben, ich aber sehen muss, dass die Gesetze die Frauen nicht mit gleichen Rechten ausstatten, dass in der Flüchtlingskrise eine Abschiebung von Frauen immer noch möglich ist und es keine geschlechtsspezifischen Fluchtgründe gibt.

Es macht mich wütend und traurig, dass auch die katholische Kirche die Frauen nicht als gleichrangig mit den Männern anerkennt.

Unser Land ist eben nach wie vor patriarchalisch strukturiert. Mit Frauen kann man alles machen: Man kann sie schlagen und, wenn es hochkommt, auch umbringen. Die Frauen sind nur Dienerinnen der Herren. Es gibt frauenspezifische Fluchtgründe, die wir einfach anerkennen müssen. Das geschieht aber nicht. Obwohl es dringend notwendig ist. Das stört mich sehr.

Auch die ungleiche Verteilung der Güter und Besitztümer auf der Erde macht mich wütend. Dass ganz wenige fast alles haben und die vielen, die nichts oder so gut wie nichts haben, leer ausgehen. Das finde ich ungeheuerlich und in höchstem Maße ungerecht.

Was machen denn die Millionäre und Milliardäre mit dem ganzen Geld, das sie angehäuft haben und weiter anhäufen? Sie können doch eigentlich nichts damit anfangen! Natürlich können sie jede Woche nach Paris fliegen, um sich ein paar Schuhe zu kaufen oder sonst etwas. Aber mit der Zeit wird das doch langweilig! Und nur dazusitzen und das Geld zu zählen oder nur die Befriedigung zu verspüren, dass sie so viel Geld haben und andere nicht, das müsste ihnen doch schlaflose Nächte bereiten. Die wünsche ich ihnen auch!

Woher kommt die Gier?

Im Alten Testament, im Buch Kohelet, steht unter der Überschrift »Die Nutzlosigkeit des Reichtums«: »Wer das Geld liebt, bekommt vom Geld nie genug; wer den Luxus liebt, hat nie genug Einnahmen ... Dem Reichen raubt sein voller Bauch die Ruhe des Schlafs« (Koh 5,9–11).

## Die Gier der einen, das Elend der anderen

Das Verhalten vieler Menschen bei uns angesichts der Flüchtlingssituation macht mich wütend. Man setzt sich nicht konkret auseinander mit der Situation, nicht nur der Frauen, sondern auch aller anderen, die ihr Heimatland fluchtartig verlassen mussten. Da zeigt man sich stark imprägniert.

Die Menschen gehen ja nicht gerne aus ihrer Heimat weg. Sie flüchten ja nicht zum Spaß. Sie flüchten, weil sie in ihrer angestammten Heimat einfach nicht mehr leben können. Entweder ist die Erde in ihrem Land so verpestet, dass sie nichts mehr anbauen können, oder die Meere sind leergefischt, oder sie müssen sich durch die Flucht der Gewaltausübung ihrer jeweiligen Regierungen entziehen, weil ihr Leben direkt bedroht ist. Sehen wir wirklich, dass es triftige Gründe gibt, die Menschen in ihrer angestammten Heimat nicht mehr sinnvoll leben lassen? Dass sie dorthin gehen, wo sie ein relativ gutes Leben führen können? Ich denke, dass wir das in seiner ganzen unausweichlichen Härte und Aussichtslosigkeit nicht wirklich ernst nehmen.

Die Flüchtlingskrise offenbart auch eine tiefe Krise der Sesshaften. Sie wird so schnell keine Lösung finden. Die Gier der einen hat zum Elend der anderen geführt. Wenn Krieg herrscht, können wir Waffen produzieren und viel Geld verdienen. Wir beteiligen uns an Vertreibungen, wenn Bodenschätze abgebaut werden und die Erde bei ihrer Gewinnung vergiftet wird. Wenn wir große Landflächen in fernen Ländern mit unserem Restmüll verseuchen und die Menschen deswegen dort nicht mehr leben können, dann sehen sie als einzige Möglichkeit die Flucht dorthin, wo Leben möglich ist.

Ich habe mich ungeheuer gefreut, als sich zu Beginn der Flüchtlingskrise die Hilfsbereitschaft in der Bevölkerung so spontan und großzügig zeigte. Ich bin stolz auf unsere Bundeskanzlerin, wenn sie sagt: »Wir schaffen das!« Aber leider gibt es heute auch einige, die hetzen, und andere, die leichtfertig die Argumente der Hetzer übernehmen, ohne auch nur einen Augenblick nachzudenken. Die, ohne ein Wahlprogramm zu lesen, ihr Kreuz auf dem Wahlzettel bei Parteien machen, die mit der Flüchtlingsproblematik auf Stimmenfang gehen.

Und nun kommt auch neoliberales Gedankengut zusammen mit der Gier zum Vorschein. »Was kosten die Flüchtlinge? Müssen Obergrenzen gezogen werden?« Solche Fragen werden in den Raum geworfen. Auch hier bin ich stolz auf die Kanzlerin, wenn sie herausstellt, dass es beim Recht auf Asyl keine Obergrenzen geben kann.

Alle, die in Not sind, haben ein Recht darauf, dass ihr Anliegen überprüft wird und dass ihnen geholfen wird. Die Erlebnisse auf der Flucht sind aber nicht nur hinreichend zu prüfen. Sie sind auch zu würdigen!

Und noch einmal: Frauenspezifische Fluchtgründe wie Gewalt in patriarchalischen Strukturen müssen in den Asylverfahren endlich stärkere Anerkennung finden, auch wenn diese Frauen aus vermeintlich sicheren Drittstaaten kommen. Ein Land, in dem eine Frau keine Rechte hat, täglich gedemütigt wird und nicht frei entscheiden kann, in dem die Gleichberechtigung nur auf dem Papier steht, ist kein sicheres Land.

Die Flüchtlingskrise zeigt uns ganz klar, dass die Entwicklung, die einzelnen Menschen erlaubt, Milliardäre zu werden, und dadurch allzu viele andere in Armut, Hoffnungslosigkeit und Heimatlosigkeit treibt, ein Verbrechen an der Menschheit ist.

Wenn es nicht so katastrophal wäre, würden wir sehen, wie lächerlich die Gier nach Reichtum im Grunde ist. Denn wirklich niemand kann auch nur etwas von seinem riesigen Vermögen mitnehmen, wenn das Ende gekommen ist. Und das Ende kommt auch für die Milliardäre!

Von der Gier und dem schrecklichen Hunger nach Geld sind wir aber alle in unterschiedlicher Weise betroffen. Ich sehe es ja auch an mir: Ich bin jetzt 80 Jahre alt und denke, wenn ich meine Sachen anschaue: Das und das könntest du doch weggeben! Wenn es dann konkret werden soll, habe ich tausend Ausreden, um es nicht zu tun oder auf später zu verschieben. Ich denke: So wird es den Reichen auch gehen. Nur hat es bei denen verheerendere Konsequenzen als bei mir. Wenn *sie* nichts abgeben, dann können andere nicht mehr leben, weil die Reichen einfach zu viel haben.

Wütend macht mich, dass die Frauen in unserer Gesellschaft tatsächlich immer noch nicht mehr anerkannt sind, dass sie nicht als gleichberechtigte Partnerinnen auf allen Ebenen, in allen Bereichen, auch des öffentlichen Lebens, wahrgenommen werden.

Wütend macht mich auch, dass so viele Kinder bei uns keine beschützte Kindheit haben dürfen, dass sie in vielerlei Hinsicht missbraucht werden, dass man ihnen von Seiten der Erwachsenen mit Teilnahmslosigkeit begegnet und dass das in vielen Fällen ein ganzes Leben so weitergeht.

Das ärgert mich nicht nur, sondern es macht mich auch ratlos und zornig.

Ich weiß nicht, ob es mit meinem Alter zusammenhängt oder ob die Gesellschaft insgesamt brutaler geworden ist, aber ich frage mich zunehmend bedrückter, ratloser und skeptischer: Wie gehen Menschen mit anderen Menschen um?

## Der Raum möglicher Entscheidungsfreiheit

Das führt dann auf direktem Wege zur Frage: Hat uns ein Schöpfergott so gewollt, wie wir miteinander umgehen? Stimmt es dann, dass wir, wie die Bibel sagt, sein »Ebenbild« sind? – Das ist für mich eine zunehmend schwierigere Frage geworden. Wir lesen in der Bibel, dass Gott die Schöpfung ins Leben gerufen hat und dass er, als alles erschaffen war, es für sehr gut befunden hat.

Und dann hat er dem Menschen noch die Möglichkeit der Entscheidungsfreiheit gegeben. Durch die erste Fehlentscheidung, die der Mensch getroffen hat, kam das Böse in die Welt.

Mit der Geburt Jesu hat Gott einen Neuanfang mit uns gestartet. So sehe ich es. Gott ist Mensch geworden. Und Jesus, dieser Gott-Mensch, hat uns gezeigt und zeigt uns, wie es geht und was es heißt, Mensch zu werden und Mensch zu sein. – Und dennoch ist das Böse nicht aus der Welt gewichen. Jesus ist mit seiner Botschaft eigentlich gescheitert. Aber dieses Scheitern ist dann auch wieder nicht das Letzte geblieben. Durch die Auferstehung Jesu ist Licht am Ende des Tunnels erschienen. Der Tunnel kann verdammt lang und das Licht weit weg sein. Im Tunnel sind wir, wenn wir mit dem anderen, mit der Schöpfung achtlos umgehen. Wir können alles, wir wissen alles – und fallen immer wieder auf die Nase. Aber das »macht nichts«, meinen wir ganz arrogant. Wir können damit umgehen, meinen wir recht stolz. Das Scheitern bringt uns kaum ins Zweifeln.

Je älter ich werde, desto mehr Fragen kommen auf. Ich habe ja auch immer mehr an Erfahrungen. Verschärft wird das durch die schneller vergehende Zeit. Es bleibt mir angesichts meines hohen Alters nicht mehr viel von ihr übrig. Mein Zeitvorrat schwindet rasant. Ich versuche, die Zeit gut zu nutzen. Aber die Kräfte schwinden auch.

Es gibt immer noch genug Probleme in der Politik und in der Gesellschaft, die noch nicht gelöst worden sind, die aber lösbar wären bei ein bisschen mehr Leidenschaft für die Menschen, vor allem für die, die unverschuldet in Not geraten und unter die Räder gekommen sind.

Meine Wutliste ist lang.

## Wo zwei oder drei ...

Ich kann es manchmal nicht fassen: Die Kirche als Institution geht lieber ein, als dass sie Frauen wirklich ernst nimmt. Ernst nehmen hieße für mich, dass die Verantwortlichen in der Institution sagen: Okay, wir haben Frauen *und* Männer, die an Religion interessiert sind, die weitergeben wollen, was sie glauben. Und diese können wir jetzt gleichwertig und gleichberechtigt einsetzen, um die Botschaft Gottes, die Botschaft Jesu weiterzubringen. Aber die Frauen werden kleinkariert ausgeschlossen. Lieber legt man zurzeit in der katholischen Kirche in Deutschland die Pfarrgemeinden zu immer größeren »Seelsorgeeinheiten« zusammen – nur, um den klerikalen Machtanspruch zu wahren. Dabei ist doch die Pfarrgemeinde, die kleine Gemeinde die Heimat für den Glauben und nicht die große, anonyme Gemeinde, die ich vielleicht noch in der Stadt zum Gottesdienstbesuch am Sonntag aufsuchen kann, in der man aber nicht mehr sein alltägliches Glaubensleben gemeinsam lebt. Die XXL-Pfarrei ist keine dem einzelnen Menschen angemessene Glaubensheimat. Sie hat nichts mit der Nähe und Menschenfreundlichkeit unseres Gottes zu tun. Man verkauft lieber eine Kirche oder schließt sie, statt dass man überlegt, welche Männer und Frauen am Ort Interesse an einem lebendigen Glaubensleben haben. Man beharrt darauf, dass nur Kleriker* eine Gemeinde leiten können.

Diese Entwicklung macht mich wirklich wütend. Sie führt am Ende dazu, dass ein lebendiges kirchliches Leben erlahmt, weil die Menschen keine wirkliche Heimat für ihr Glaubensleben haben. Sie werden förmlich zur Flucht aus einer nur noch strukturell verwalteten Kirche gezwungen. Wo immer sich zwei oder drei Menschen im Namen Gottes zusammentun, da ist Kirche. Nicht in immer größer werdenden regionalen Einheiten. Das ist mehr Schein als Sein.

## Wonach ich mich sehne

Ich sehne mich danach, dass es mehr junge Frauen gibt, die sich reinhängen und leidenschaftlich dafür einsetzen, dass sich die Situation von Frauen in der Gesellschaft, in der

Politik, in der Kirche verbessert, dass die Frauen wieder die Würde anerkannt bekommen, die ihnen zusteht, keine »Würde«, die ihnen von ein paar großzügigen Männern zugestanden wird.

Ich sehne mich danach, dass eine jüngere Mitschwester kommt und sagt: »Toll, Lea, ich übernehme deine Arbeit und führe sie weiter!« Das muss nicht unbedingt eine Mitschwester aus meiner Ordensgemeinschaft sein. Schön wäre es, wenn die Arbeit, die ich angefangen habe, in Händen von Ordensfrauen bliebe. Ich möchte nicht, dass SOLWODI ein Wirtschaftsbetrieb wird. SOLWODI darf nicht zu einer »Stelle« werden, wie es schon zahlreiche gibt – nach dem Motto: »Wir helfen, wenn Sie zahlen!« Es gibt noch so viele Menschen im Elend auf der ganzen Welt, die nicht dazu in der Lage sind, etwas zu zahlen, damit ihnen geholfen wird. Solche Menschen dürfen nicht außen vor bleiben.

Ich sehne mich danach, dass religiös motivierte Frauen und Männer sich zusammenschließen. Nicht um etwas Großes und Schlagzeilenträchtiges zu machen, sondern um das, was sie glauben, im konkreten täglichen Leben umzusetzen, um ihrem Glauben eine Gestalt zu geben. Auf der Basis eines wohlwollenden und freundlichen Zusammenlebens. Es gibt viele Frauen, die religiös interessiert und motiviert sind, die aber als Einzelkämpferinnen unterwegs sind. Und da denke ich mir: Warum schließen wir uns nicht zusammen? Warum vernetzen wir uns nicht? Dadurch könnten wir mehr erreichen, davon bin ich überzeugt.

Unter gemeinschaftlichem Leben verstehe ich nicht, dass wir uns durch starre Regeln und Vorschriften einengen, sondern dass jede auf dem Boden einer grundlegenden Verbindlichkeit auch genug Freiheit hat, um ihre Entscheidungen zu treffen und danach zu handeln. Die Wahrung des persönlichen Freiheitsraumes ist mir sehr wichtig.

## Was kommt danach?

Ich bin dankbar für jeden Tag, der mir in meinem langen und bewegten Leben geschenkt wurde und den ich gut »rumgekriegt« habe.

Es ging mir nie um die große Vision. Danach bin ich früher oft gefragt worden. Nein, ich war eher immer auf der Seite einer großen, aber auch leidenschaftlichen und kompetenten Nüchternheit. Wenn ich etwas gesehen habe, was nicht in Ordnung war, dann habe ich es angepackt und nicht lange um Visionen gerungen.

Zugegeben: Ich habe auch Glück gehabt. Oder, anders gesagt, es gab Situationen, in denen ich den Eindruck, ja die Gewissheit hatte, dass mir Gott sehr geholfen hat.

Aber es gibt auch die Stunden des Zweifels, in denen ich mich frage, warum das Böse in der Welt in unseren Tagen so massiv vorkommt? Wie es sein kann, dass es solche Gewaltexzesse wie gegenwärtig gibt? Warum hassen Menschen andere Menschen, nur weil sie zum Beispiel eine andere Hautfarbe oder eine andere Religion haben? Warum fühlen sich immer mehr Menschen gar nicht mehr für das verantwortlich, was sie angerichtet oder anderen angetan haben?

Diese Zweifel und Fragen kommen. Ich kann sie nicht billig aus der Welt schaffen, schönreden oder gesundbeten.

Ich habe den Wunsch an den lieben Gott, nicht sehr viel älter zu werden, als ich jetzt bin. Vielleicht noch 81 oder 82 – damit ich noch aufräumen kann. Jetzt habe ich noch Kraft dazu. Aber sie wird schnell schwinden. Und ich möchte nicht so langsam dahindämmern, immer mehr abnehmen, immer schusseliger werden, immer mehr nach Worten suchen, wenn ich etwas erklären will.

Wenn es anders kommt, als ich es mir wünsche, dann sehne ich mich danach, dass Gott mir hilft, es zu ertragen, es hinzunehmen. Ich kann nur hoffen, dass ich mit so einer Situation fertigwerde. Ob ich es schaffe? Das weiß ich nicht. Jedenfalls wünsche ich mir nicht, dass ich 90 oder 100 Jahre alt werde. Wenn ich meine Zeit bis jetzt gut eingesetzt habe, dann kann ich ja auch neugierig darauf sein, zu erfahren, was es in einem anderen Leben gibt.

Wie »anders« das andere Leben dann sein wird, da lasse ich mich überraschen. Schön fände ich es, wenn ich dort Menschen wiederbegegnen dürfte, die ich hier geliebt habe: meinem Vater, meiner Mutter zum Beispiel, auch Pater Köster oder Bischof Kuntner. Das wünsche ich mir nicht nur oder sehne mich nicht nur danach, ich hoffe das! »Dort« soll es ja auch kein Elend, keine Trauer, keine Tränen und keine Schmerzen mehr geben. Ich glaube einfach, dass es »jenseits« nichts Negatives gibt. Das glaube ich! Entweder es wird schön oder es wird gar nichts! Dazwischen gibt es nichts.

Diejenigen, die sagen, dass nach dem Tod »alles aus« ist, müssen den Beweis ihrer Behauptung genauso schuldig bleiben, wie diejenigen, die sagen, dass »es« noch etwas gibt.

Wir wissen es wirklich nicht!

Aber ich möchte festhalten: Bei allen Menschen, in der gesamten Menschheitsgeschichte, in allen Religionen und Kulturen gab es und gibt es und wird es das Bestreben geben, den Drang, nach dem Woher und Wohin zu suchen, den unstillbaren Hunger nach Sinn und Erfüllung, die Vermutung, dass es doch mehr alles geben muss.

Wenn dieses Leben hier zu Ende geht, dann wünsche ich mir aus tiefstem Herzen, dass es danach etwas Strahlendes, etwas Wunderschönes, Glückliches gibt. Und ich wünsche, dass mir dann nicht einfällt, was ich alles falsch gemacht habe, sondern dass ich die Bestätigung erfahre: Es war richtig, was du gemacht hast! Und dass ich Menschen begegne, denen es gutgeht, die mir zulächeln und sagen: Das hat mir gutgetan!

Ein größeres Glück kann ich mir nicht vorstellen.

Einen Teil dieses erhofften Glücks »danach« habe ich aber auch hier schon erlebt. Manchmal ärgere ich mich, wie langsam ich war und bin, das zu begreifen.

## An erster Stelle die einfachen Leute

Bei der Verkündigung des Reiches Gottes waren in der Zeit Jesu an erster Stelle die Kleinen und Unmündigen, die einfachen Leute, Männer und Frauen angesprochen und beteiligt – so, als hätten sie eine besondere Fähigkeit, das Leid und das Elend der Welt zu begreifen.

Der dynamische Anfang des Christentums bestand zum großen Teil aus dem Protest gegen alles Ungerechte, Unwahrhaftige.

Jesus wurde verstanden als einer, der sich weigert, einverstanden zu sein mit dem, was für viele seiner Zeitgenossen – vor allem die Begüterten, Mächtigen, Einflussreichen – akzeptabel und selbstverständlich war.

Er forderte alternative Maßnahmen: Schuld vergeben, die Spirale der Gewalt nicht vorantreiben, Barmherzigkeit und Liebe üben.

*Fritz Köster*

ANHANG

MICHAEL ALBUS

# Ein Fazit – kein Nachwort

»Wäre Sr. Lea Ackermann nicht bei ›Unserer Lieben Frau von Afrika‹ gelandet, hätte sie auch Revolutionärin oder Staatschefin werden können. Ihre Mischung von Gerechtigkeitssinn, Empörung und Handlungsfähigkeit ist explosiv.« Das schrieb die Zeitschrift »Emma« im Jahr 1993.

Lea Ackermanns Lebensweg war und ist alles andere als gewöhnlich. Sie hat etwas aus ihrem Leben gemacht. Sie hat aus ihrem Leben etwas für das Leben von anderen gemacht. Für Frauen in Notsituationen. Für Frauen, die unter die Räder gekommen sind, die sich ihrer Würde nicht bewusst waren. Sie aus ihren Fesseln zu befreien und ihnen wieder Selbstbewusstsein zu geben, hat sie als Lebensaufgabe angenommen. Und konsequent durchgeführt. Für sie waren diese Frauen die »chancenlosen Töchter Gottes«.

Sie hat das immer noch weit verbreitete Vorurteil, dass Frauen, die in einen kirchlichen Orden eingetreten sind, nur »fromme Betschwestern« seien, schlagend und überzeugend widerlegt. Dabei hat sie sich immer wieder in den Clinch mit ihrer eigenen Männer-Kirche begeben. Furchtlos und kompetent. Nie destruktiv. Ihr Leben spiegelt auch ein Stück zeitgenössischer Kirchengeschichte wider.

Lea Ackermanns Entscheidung, in eine Ordensgemeinschaft einzutreten, fiel – kirchlich gesehen – in eine Zeit des Umbruchs. Viele der alten kirchlichen Strukturen waren brüchig geworden. In der Zeit des Zweiten Vatikanischen Konzils (1962–1965) und vor allem unmittelbar danach wurden die Brüche offenbar, beschleunigten sich. Die Beschleunigung hält bis heute an, nimmt noch zu. Lea Ackermann ist mit Mut und Entschiedenheit für die Freiheit der persönlichen Verantwortung eingetreten und hatte dadurch einige öffentliche Konflikte zu bestehen.

Lea Ackermann ist ihrer Institution vorausgeeilt. Sie war und ist eine Vorläuferin, deutete nicht nur mit dem langen Zeigefinger, sondern mit der konkreten Tat auf Menschenhandel und Zwangsprostitution, auf die, die verwundet, traumatisiert am Rande der Straßen lagen. Ihnen musste geholfen werden, bevor sie jämmerlich zu Grunde gingen. Dabei hat sie sich die Hände schmutzig gemacht und blieb auch von arroganter Kritik nicht verschont. Das hat sie weggesteckt.

Bezeichnend ist auch, dass sie sich nicht lange mit theoretischen Erwägungen aufhielt und nicht abwartete, bis der große, immer unbeweglicher werdende »Tanker« Kirche kleine Kurskorrekturen vorgenommen hat. Sie handelte. Sie handelte, weil sie die Zeichen der Zeit wahrgenommen hat, weil sie sah, dass es vorrangig war, denen, die unter die Räuber gefallen waren, zu Hilfe zu eilen. Das war, neben allem anderen, auch eine politische Entscheidung. Man kann das ganz deutlich an Lea Ackermanns Gedanken zu den drei »evangelischen Räten« Armut, Keuschheit und Gehorsam ablesen. Lea Ackermanns Leben liest sich wie ein aktueller Kommentar zum Evangelium. Auf die »Frohe Botschaft« beruft sie sich immer wieder – und ganz grundsätzlich. Manche in ihrer Kirche – aber auch außerhalb – »nervt« sie damit. Aber sie hat nie lockergelassen.

Irritierend ist es zuweilen, wenn Lea Ackermann sich zu gesellschaftlichen Entwicklungen äußert. Dann erscheint sie im Grunde als »konservativ«. Manche sagen, dass sie Positionen verteidigt, die doch längst überholt seien, etwa im Blick auf die Institution Ehe. Doch man kommt ins Grübeln, wenn sie von ihrer Arbeit für die Frauen berichtet. Dann erscheint sie intensiv »progressiv«.

Wenn ich über das nachdenke und das auf mich wirken lasse, was ihr Leben ausmacht, dann steigt ein Bild in mir auf. Ein listiges Bild. Das Bild vom trojanischen Pferd. Das war in der griechischen Mythologie ein hölzernes Pferd, in dessen Bauch Soldaten versteckt waren. Die Soldaten öffneten nachts die Stadttore Trojas von innen und ließen das Heer der Griechen ein. Mit dieser Kriegslist gewannen die Griechen den Trojanischen Krieg. Bildlich versteht man unter einem »trojanischen Pferd« ein harmlos aussehendes Objekt, das ein Angreifer zur Tarnung verwendet, um in einen sicheren geschützten Bereich eingelassen zu werden. Lässt man das Militärische an der Geschichte weg, dann tritt etwas zu Tage, was Lea Ackermanns Leben und ihre Arbeit auch kennzeichnet: Kreativität, Mut, Bereitschaft zum Risiko. Das ist ein starkes Argument im Zeitalter des real existierenden Versicherungswahns.

Lea Ackermann hat kein Strohfeuer angezündet, das für eine kurze Weile lodernd aufflammt und dann wieder in sich zusammenfällt. Sie hat eine Glut entfacht. Die Glut glüht bis heute. Ihr Handeln in einer Gesellschaft der Schamlosen, der ohnmächtigen bis arroganten Voyeure, der »Starken« und angeblich Mächtigen, ist beispielhaft.

## Der Kampf geht weiter
## Ein Nachtrag

Kurz vor der Fertigstellung dieses Buches erreichte mich die Nachricht, dass Sr. Lea eine Nachfolgerin gefunden hat. Sie schrieb: »Nach vielen Anstrengungen habe ich eine Schwester an meiner Seite. Bald werde ich die Schwester an ihrer Seite sein, zum Wohle von SOLWODI.«
Ich bat Sr. Annemarie Pitzl, sich selbst vorzustellen, und fragte sie nach ihren Perspektiven für SOLWODI. Ihre Antwort kam schnell. *Michael Albus*

*Steckbrief*
Sr. Annemarie Pitzl

1978 Eintritt in die Kongregation der Armen Dienstmägde Jesu Christi; während der Ordensausbildung Praktika in verschiedenen Bereichen (ambulante Krankenpflege, Behindertenarbeit, Heim, Hort, Kindergarten)
Studium der Sozialpädagogik
Unterricht an der Fachschule für Sozialpädagogik in Limburg (Pädagogik, Didaktik, Kinder- und Jugendliteratur, Spielerziehung)
1992–2002 Mitglied in der Leitung der deutschen Provinz der Kongregation
Ausbildung in Beratung und geistlicher Begleitung
Ab Oktober 2002 Ordensausbildung für junge Frauen aus

Nigeria, zunächst in Deutschland, daneben theologische Studien

2007–2014 in Nigeria mit Schwerpunkt Ordensausbildung; Betreuung pädagogischer Projekte (Konzept für ein Kinderhaus, pädagogische Schulung der Schwestern; Entwicklung des Projekts »Power Girls«)

Januar 2015 – Mai 2016 psychosoziale Begleitung von Patientinnen einer immunologischen Ambulanz

Seit Juni 2016 bei SOLWODI

## SR. ANNEMARIE PITZL
## Wir müssen Stachel im Fleisch sein

Als ich in Nigeria war, habe ich in einem Dorf gelebt und war von daher in gutem Kontakt mit den Menschen dort. Der Kontakt kam über Kinder zustande, die mich mehr oder weniger »adoptiert« hatten. Dadurch ist mir schnell klargeworden, dass gerade Mädchen schon sehr früh Verantwortung übernehmen müssen, sei es für jüngere Geschwister oder für bestimmte Arbeiten im Haus. Wenn in einer Familie das Geld knapp wird, sind es in der Regel die Mädchen, die aus der Schule genommen werden. Immer wieder habe ich gehört, dass im Dorf junge Frauen nach einer Entbindung verblutet sind – Folgen der Genitalverstümmelung, aber auch der Armut, die keine ärztliche Betreuung zulässt. Eine weitere Gruppe sind die Witwen, die nach dem Tod des Ehemannes in der Regel keinerlei Befugnis haben, über ihr weiteres Leben zu entscheiden. Das ist in einer patriarchalisch geprägten Gesellschaft keine Option. Diese Ungerechtigkeiten haben mich wütend gemacht, aber auch traurig, weil sie von den Frauen als gegeben hingenommen worden sind.

Daraus ist das Projekt »Power Girls« entstanden, und eine unserer nigerianischen Schwestern hat eine Selbsthilfegruppe für Witwen gegründet. Der Name, den mir eine Frauengruppe aus dem Dorf beim Abschied geschenkt hat, zeigt mir, dass sich dieser Einsatz gelohnt hat – und spornt mich an, weiterzumachen: *Mwaza* – »*du hast uns stolz gemacht*«.

Die oft bitteren Erfahrungen von Frauen waren nach meiner Rückkehr nach Deutschland der Anlass, den Dienst der psychosozialen Begleitung in einer immunologischen Ambulanz aufzunehmen. Ich bin Frauen begegnet, die teilweise schon in der Heimat sexuellen Übergriffen ausgesetzt waren. Der absolute Horror waren jedoch Massenvergewaltigungen auf der langen Flucht. Viele dieser tief traumatisierten Frauen wurden dann in Deutschland mit der Diagnose HIV-positiv konfrontiert. Solche Erfahrungen zu verbalisieren, ist für jede Frau schwierig, zumal den Frauen oft vermittelt wird, dass sie selbst daran schuld seien. Um wie viel schwerer ist es, sich in einem fremden Land Menschen aus einem anderen Kulturkreis anzuvertrauen. Oft gibt es noch nicht einmal eine gemeinsame Sprache.

Solche Erfahrungen und Begegnungen waren ausschlaggebend, mich für SOLWODI zu entscheiden. Ich habe das Glück, meine Berufung in Freiheit und Frieden zu leben, konnte mitdenken, mitentscheiden, mitgestalten. Deshalb will ich mich für Frauen einsetzen, die keine Wahl haben, weil sie Opfer von Menschenhandel, Prostitution oder Zwangsverheiratung sind oder von »Ehrenmord« bedroht. Hier setzt SOLWODI an: mit den Frauen einen Weg aus der Unterdrückung in die Freiheit zu gehen, ihnen Zuwendung und Anerkennung zu geben, sie in ihrer Würde zu achten. Das geschieht konkret durch Beratung, sichere Unterbringung, Hilfe bei Behördengängen und Arztbesuchen wie auch Terminen bei Polizei, Gerichten, Anwälten, Vermittlung von Sprachkursen usw. Ebenso wichtig ist Öffentlichkeitsarbeit. Es darf nicht in Vergessenheit geraten, dass Frauen in unserer angeblich so aufgeklärten Gesellschaft zur sexuellen Ausbeutung wie Sklavinnen gehalten werden.

Wir müssen der Stachel im Fleisch sein:

- Politiker unermüdlich dazu auffordern, sich für eine gerechte Gesellschaft einzusetzen, in der Frauen und Männer gleichberechtigt sind;
- darauf aufmerksam machen, wie sehr die liberale Gesetzgebung im Blick auf Prostitution Frauen zur käuflichen Ware gemacht hat (Unterschriftenaktion »Mach den Schluss-STRICH«);
- auf ein Sexkauf-Verbot hinarbeiten nach dem »Nordischen Modell«, bei dem nicht die Frauen bestraft werden, sondern die »Kunden«, und so eine Haltungsänderung in der Gesellschaft anbahnen;
- Teilnahme an Diskussionen, Information und Aufklärung durch Vorträge.

SOLWODI hat großartige Mitarbeiterinnen, hervorragend ausgebildet und hochmotiviert, die sich in Solidarität mit diesen Frauen auf den Weg machen, wie es die individuelle Not erfordert. Die wachsende Zahl von Frauen, die sich an uns wenden, zeigt, wie dringend notwendig unser Einsatz ist.

SOLWODI kann nicht alle Hilfe gewähren, die gebraucht wird. Die Herausforderung ist enorm. Doch ich sehe eine große Chance in einer guten Vernetzung, einmal zwischen den Beratungsstellen und Schutzhäusern von SOLWODI, aber auch darüber hinaus mit anderen Organisationen, die sich ebenfalls für Frauen in Not einsetzen. Eine Form, mit der es gut weitergehen kann für SOLWODI, sehe ich in der Leitung durch ein Team. Dabei können wir Kompetenzen aus verschiedenen Bereichen nutzen und uns mit unterschiedlichen Fähigkeiten ergänzen.

# Personen und Begriffe

## Personen

*Augspurg, Anita* (1857–1943) war eine deutsche Juristin, Aktivistin der bürgerlich-radikalen Frauenbewegung sowie Pazifistin.

*Bäumer, Gertrud* (1873–1954) war eine deutsche Frauenrechtlerin und Politikerin.

*Diop, Birago Ismael* (1906–1989) war ein frankophoner Schriftsteller, Erzähler und Dramatiker aus dem Senegal, ein Vertreter der philosophischen Strömung »Négritude«.

*Engels, Friedrich* (1820–1895) war ein deutscher Philosoph, Gesellschaftstheoretiker, Historiker, Journalist und kommunistischer Revolutionär. Darüber hinaus war er ein erfolgreicher Unternehmer in der Textilindustrie.

*Flesch, Rosa* (1826–1906) war die Gründerin der Waldbreitbacher Franziskanerinnen von der allerseligsten Jungfrau Maria von den Engeln. Das Mutterhaus dieses Ordens ist das Kloster Marienhaus unterhalb des Waldbreitbacher Ortsteils Glockscheid. Mutter Rosa Flesch wurde 2008 von der katholischen Kirche seliggesprochen.

*de Gouges, Olympe* (1748–1793) war eine Revolutionärin, Frauenrechtlerin, Schriftstellerin und Autorin von Theaterstücken im Zeitalter der Aufklärung. Sie ist die Verfasserin der »Erklärung der Rechte der Frau und Bürgerin« von 1791.

*Heymann, Lida Gustava* (1868–1943) war eine deutsche Frauenrechtlerin.

*Kirima, Nicodemus* (1936–2007), 1978 von Papst Paul VI. zunächst zum Bischof von Mombasa ernannt, war Erzbischof von Nyeri in Kenia.

*Köster, Pater Prof. Dr. Fritz* (1934–2014) »Wir sind immer nur Sämänner im Garten des Herrn«, beschrieb er selbst sein Leben als Priester. Sein Weg führte Pater Köster nach dem Eintritt ins Kloster, den theologischen Studien und der Priesterweihe über Augsburg und Paris nach Kamerun, Brüssel und München. Die Erfahrungen im Ausland prägten ihn in seiner Haltung. Seinen wissenschaftlichen Schwerpunkt legte er auf Untersuchungen afrikanischen Christseins sowie religiöser Erziehung in Islam, Hinduismus und Buddhismus. Daraus zog er Rückschlüsse auf christliche Erziehung und Sozialisation in unseren Breitengraden. Während seiner Münchner Studienzeit arbeitete er als Abteilungsleiter und Referent bei *Missio*. Seine langjährige Mitstreiterin Lea Ackermann hat er in den mehr als 30 Jahren seit Gründung ihrer Frauenhilfsorganisation SOLWODI tatkräftig unterstützt.

*Kuntner, Florian* (1933–1994) war Weihbischof der Erzdiözese Wien. 1987 wurde er zum Bischofsvikar für Mission und Entwicklungshilfe ernannt. Florian Kuntner war ein Mensch, mit dem man sich auseinandersetzten musste, der offen für die Ängste und Sorgen der Menschen war und den besonders die Anliegen und Nöte der ärmeren Länder bewegten.

*Labayen, Julio Xavier,* geboren 1926 in Talisay, Philippinen, ist emeritierter Bischof von Infanta. Julio Xavier Labayen trat der Ordensgemeinschaft der Unbeschuhten Karmeliten bei. Papst Paul VI. ernannte ihn zum Bischof.

*Lange, Helene* (1848–1930) war eine Pädagogin und Frauenrechtlerin. Sie ist eine Symbolfigur der deutschen Frauenbewegung.

*Lavigerie, Charles Martial Allemand* (1825–1892) war ein französischer Kardinal. 1868 gründete er die »Weißen Väter«, 1869 die »Weißen Schwestern« als Missionsgesellschaften für Afrika.

*Marx, Karl* (1818–1883) war ein deutscher Philosoph, Ökonom, Gesellschaftstheoretiker, politischer Journalist, Protagonist der Arbeiterbewegung sowie Kritiker der bürgerlichen Gesellschaft und der Religion.

*Mutter Rosa → Flesch, Rosa*

*Neudeck, Rupert* (1939–2016) war ein deutscher Journalist, Mitgründer von Cap Anamur / Deutsche Not-Ärzte e. V. und Vorsitzender des Friedenskorps Grünhelme e. V.

*Rahner, Karl* (1904–1984), Jesuit, war ein deutscher katholischer Theologe. Er gilt als Vertreter einer kerygmatischen (verkündigenden) Theologie und als einer der bedeutendsten Theologen des 20. Jahrhunderts.

*Romero, Óscar Arnulfo* (1917–1980) war ein katholischer Erzbischof im zentralamerikanischen Staat El Salvador. Er trat für soziale Gerechtigkeit und politische Reformen in seinem Land ein und galt als einer der prominentesten Verfechter der Theologie der Befreiung. Damit stellte er sich in Opposition zur damaligen Militärdiktatur in seinem Land. Romero wurde von einem mit dem Mord beauftragten Soldaten erschossen, während er in einer Krankenhauskapelle in San Salvador die Messe feierte. Sein Tod markierte den Beginn des Bürgerkriegs in El Salvador.

*Rousseau, Jean-Jacques* (1712–1778) war ein französischsprachiger Genfer Schriftsteller, Philosoph, Pädagoge, Naturforscher und Komponist der Aufklärung.

*Sobrino, Jon* (geboren 1938) ist Jesuit und ein namhafter Vertreter der Befreiungstheologie. Er lebt in El Salvador.

*Spee, Friedrich* (1591–1635) war ein deutscher Jesuit. Er wurde berühmt als Kritiker der Hexenprozesse, aber auch als Kirchenlieddichter.

*Teresa von Ávila* (1515–1582) war eine spanische Karmelitin und Mystikerin. In der katholischen Kirche wird sie als Heilige und Kirchenlehrerin verehrt. Daneben wird auch in der anglikanischen und evangelischen Kirche mit Gedenktagen an sie erinnert. In der spanischen Literaturgeschichte nimmt sie eine bedeutende Stellung ein.

*Ward, Mary* (1585–1645) war eine englische Ordensschwester, die sich besonders für die Verbesserung der Bildungschancen für Mädchen einsetzte. Dazu gründete sie einen Schwesternorden (Congregatio Jesu, CJ), der sich wie die Jesuiten (Societas Jesu, SJ) an der Regel des Ignatius von Loyola orientiert und sich schwerpunktmäßig in Mädchenschulen engagiert (auch bekannt als »Englische Fräulein«).

*Zetkin, Clara* (1897–1933) war eine sozialistische deutsche Politikerin, Friedensaktivistin und Frauenrechtlerin.

# Begriffe

*Arme Dienstmägde Jesu Christi* → *Dernbacher Schwestern*

*Arme Schulschwestern.* Die »Armen Schulschwestern von Unserer Lieben Frau« (lat.: *Congregatio Pauperum Sororum Scholasticarum Dominae Nostrae,* engl.: *School Sisters of Notre Dame*) sind eine Kongregation von Schwestern in der katholischen Kirche. Sie ist in Deutschland auch unter der Bezeichnung »Gerhardinger-Schwestern« bekannt.

*Beghinen* sind Frauen, die sich im Europa des späten Mittelalters zu christlichen Gemeinschaften zusammenschlossen, ohne Ordensgelübde abzulegen oder in Klausur zu leben. Ihr Leben war religiös geprägt und ehelos.

*Boko Haram* ist eine islamistische terroristische Gruppierung im Norden Nigerias. Sie setzt sich für die Einführung der Scharia in ganz Nigeria und das Verbot westlicher Bildung ein. Boko Haram ist bekannt für die Ermordung von Christen und von Muslimen, die sie nicht unterstützen. Die Gruppe bringt sich selbst mit den Taliban in Verbindung. Im Januar 2012 spaltete sich die Terrororganisation *Ansaru* von Boko Haram ab. Berichten aus dem März 2015 zufolge hat sich Boko Haram formell der Terror-Miliz Islamischer Staat (IS) angeschlossen.

*Cap Anamur / Deutsche Not-Ärzte e. V.* ist eine deutsche Hilfsorganisation, die von Christel und Rupert Neudeck sowie dem Schriftsteller Heinrich Böll gegründet wurde. Sie entstand aus dem Hilfskomitee *Ein Schiff für Vietnam,* das 1979 durch die Rettung Tausender vietnamesischer Flüchtlinge, der so genannten Boat People, mit der zum Hospitalschiff umgebauten *Cap Anamur* weltweit bekannt wurde.

*Coltan* (auch *Koltan*) ist ein Tantal-Erz. Der Name leitet sich von der Mineralgruppe *Col*umbit-*Tan*talit ab. Coltan wird als Konfliktmineral eingestuft. Es wird auch zur Herstellung von Handys gebraucht. Immer wieder findet der Coltanabbau in der Region Kivu in der Demokratischen Republik Kongo weltweite Beachtung. Hier gewinnen Bergarbeiter aus dem Erdreich durch Nass-Siebung und Schweretrennung Konzentrate für die weitere Verhüttung. Die Arbeitsbedingungen (inklusive Kinderarbeit) gelten als sehr inhuman. Der Coltan-Boom hat für die Bevölkerung ähnliche soziale Folgen wie ein Goldrausch: Die Felder liegen brach, weil der Verdienst in den Bergarbeitercamps bis zu fünfmal höher ist als in der Landwirtschaft. Demgegenüber sind die Lebenshaltungskosten und die Konsumorientierung deutlich höher. Die hohen Gewinne für die Konzerne und die mangelnde staatliche Überwachung während des Bürgerkrieges in der Demokratischen Republik Kongo führten zu völlig planlosem Raubbau, der gravierende Umweltschäden zur Folge hatte.

*Eucharistie,* auch Abendmahl oder Herrenmahl, heilige Kommunion, Altarssakrament, Allerheiligstes Sakrament, in einigen Freikirchen Brotbrechen, in den Kirchen des Ostens Heilige oder Göttliche Liturgie genannt, ist ein Sakrament. Jesus Christus ist dabei in der von ihm gegebenen Gemeinschaft, in seinem Wort, im Glauben an ihn und in den Gaben von Brot und Wein gegenwärtig. Die Lehre der verschiedenen Konfessionen unterscheidet sich im Hinblick auf die Art und Weise dieser Gegenwart.

*Damaskuserlebnis.* Der Ausdruck bezeichnet eine in der Apostelgeschichte des Lukas erzählte Begegnung des Paulus von Tarsus mit Jesus auf dem Weg von Jerusalem nach Damaskus (Apg 9), die ihn von einem Verfolger der Urchristen zum Apostel machte.

*Dernbacher Schwestern.* Die Armen Dienstmägde Jesu Christi (lat.: *Ancillae Domini Jesu Christi*) sind eine katholische Ordensgemeinschaft bzw. Kongregation päpstlichen Rechts. Sie wurde 1851 durch die später seliggesprochene Maria Katharina Kasper in Dernbach (Westerwald) im Bistum Limburg gegründet. Die Haupttätigkeitsbereiche der Schwestern sind Krankenpflege, Kinderfürsorge, Erziehung und Bildung sowie pastorale Dienste. Das Mutterhaus, Kloster Maria Hilf, befindet sich in Dernbach.

*Dominikaner* ist der landläufige Name des Predigerordens, der im frühen 13. Jahrhundert vom heiligen Dominikus gegründet wurde.

*Grünhelme* (analog den »Blauhelmen« der UNO) ist der Name einer sich als interreligiöses Friedenscorps verstehenden deutschen Hilfsorganisation. Sie wurde gegründet von Rupert Neudeck.

*Kleriker* ist ein Sammelbegriff für Angehörige des geistlichen Standes, näherhin Diakone, Priester und Bischöfe.

*Laien* (von griech. laikos, »zum Volk gehörig«) nennt man in der Kirche die große Mehrheit der Gläubigen, die nicht dem Klerikerstand oder einem Orden angehört.

*Missio* (lat.: »Sendung«, »Auftrag«) ist die Kurzbezeichnung der Päpstlichen Missionswerke in Deutschland, Österreich, der Schweiz und anderen Ländern.

*Noviziat* (von lat. *novicius,* »Neuling«) bezeichnet die Zeit der Ausbildung, in der jemand, der neu in eine Ordensgemeinschaft eingetreten ist, sich in der Vorbereitung auf die zeitlichen (befristeten) Ordensgelübde befindet. Im Noviziat wird der Novize durch die Gemeinschaft geprüft (und prüft auch er selbst), ob er dazu berufen ist, die Ordensgelübde (in der Regel die drei evangelischen Räte Armut, Keuschheit / Ehelosigkeit und Gehorsam) zu halten und die Fähigkeit und Neigung hat, im Orden zu leben.

*Ruanda* ist ein dicht bevölkerter Binnenstaat in Ostafrika. Er grenzt an Burundi, die Demokratische Republik Kongo, Uganda und Tansania. Wegen seiner Landschaft wird Ruanda auch »Land der tausend Hügel« genannt.

*Schwestern von der Göttlichen Vorsehung.* Der Name bezeichnet mehrere Frauenorden, die im 19. Jahrhundert in europäischen Ländern gegründet wurden.

*Steyler Missionarinnen,* offiziell »Dienerinnen des Heiligen Geistes« (lat.: *Congregatio Servarum Spiritus Sancti*), sind ein missionarischer Frauenorden. Der Gebrauch der Bezeichnung *Steyler Missionsschwestern* ist in der Ordensprovinz Österreich üblich. Die erste Oberin Helena Stollenwerk gründete den Orden 1889 mit Schwester Hendrina Stenmanns und Pater Arnold Janssen. Das Mutterhaus ist in Steyl, Niederlande. Der Orden unterhält heute Niederlassungen u. a. in Afrika, Asien, Osteuropa und Lateinamerika.

*Theologie der Befreiung* bzw. *Befreiungstheologie* ist eine in Lateinamerika entwickelte Richtung der christlichen Theologie. Sie versteht sich als »Stimme der Armen« und will zu deren Befreiung von Ausbeutung, Entrechtung und Unterdrückung beitragen. Daraus ergaben sich, vor allem in der katholischen

Kirche, erhebliche Konflikte mit der Kirchenhierarchie, die häufig in Disziplinarmaßnahmen gegen einzelne Geistliche mündeten. Als Konsequenz ihrer Überzeugungen stellten sich die Befreiungstheologen zudem offen gegen die in Südamerika weit verbreiteten oligarchischen und diktatorischen Regimes, was zahlreiche Geistliche das Leben kostete. Das bekannteste Opfer ist Óscar Romero, der 1980 ermordete Erzbischof von El Salvador.

*Ursulinen* nennt man den 1535 von Angela Merici in Italien gegründeten Schwesternorden, der sich vor allem der Erziehung und Bildung von Mädchen widmet und viele Schulen gegründet hat.

*Weiße Schwestern.* Die »Schwestern Unserer Lieben Frau von Afrika« (frz.: *Sœurs Missionnaires de Notre-Dame d'Afrique*), auch bekannt als »Sœurs Blanches«, sind ein von Kardinal Lavigerie 1869 in Algerien gegründeter Missionsorden in der katholischen Kirche. Die Schwestern sind in Afrika mit dem Auftrag der Evangelisierung eingesetzt. Sie stellen ihr Leben in den Dienst der afrikanischen Menschen. Sie leben in kleinen Wohngemeinschaften von drei bis sechs Frauen zusammen. Das Gebet und ein einfacher Lebensstil prägen ihr Ordensleben.

# Lea Ackermann – biografische Notizen

Geboren am 2. 2. 1937 in Völklingen/Saar, aufgewachsen in Klarenthal/Saarbrücken

1953–1960 Banklehre bei der Saarländischen Landesbank, anschließend Bankkauffrau der Saarländischen Landesbank in Saarbrücken und Paris

1960 Eintritt in die Gemeinschaft der »Missionsschwestern unserer Lieben Frau von Afrika«, auch »Weiße Schwestern« genannt; Postulat und Noviziat in Trier

1962–1963 Theologische Studien an der Dominikaner-Hochschule in Toulouse (Frankreich)

1963–1966 Studium an der Frauenfachschule der Armen Schulschwestern in München

1967–1972 Lehrerin an der Internats-Mittelschule für Mädchen und dem angeschlossenen Lehrerinnen-Seminar in Nyanza (Ruanda); ab 1970 Direktorin der Schulen

1972–1977 Studium der Pädagogik, Psychologie und Theologie an der Universität München

1977 Promotion an der Ludwig-Maximilians-Universität München zur Dr. phil. mit einer Dissertation über »Erziehung und Bildung in Rwanda – Probleme und Möglichkeiten eines eigenständigen Weges«

1977–1984 Bildungsreferentin bei *Missio* München und Dozentin für Sozialpädagogik an der Katholischen Universität Eichstätt

1985–1987 Von der Ordensleitung nach Mombasa (Kenia) entsandt

1985 Gründung von SOLWODI *(Solidarity with Women in Distress)* in Mombasa als Ausstiegsprojekt für kenianische Frauen und Mädchen in der Elendsprostitution

1985–2016 Aufbau der SOLWODI-Zentrale in Mombasa und weiterer Beratungszentren an der kenianischen Küste: Kilifi, Mtuhapa, Malindi sowie Voi an der Straße nach Nairobi; weitere Zentralen in Kisumu und Eldoret mit Beratungszentren (insgesamt 34 in Kenia).

| 1987 | Rückkehr aus Kenia und Aufbau von SOLWODI in Deutschland |
|---|---|
| 1988 | Gründung von SOLWODI in Deutschland mit Sitz in Boppard-Hirzenach als Anlaufstelle für Migrantinnen in Notsituationen, z. B. Opfer von Heiratshandel, Menschenhandel und Zwangsprostitution; Opfer von Beziehungsgewalt; von Zwangsheirat bedrohte oder aus Zwangsehen geflohene Frauen und Mädchen |
| 1997 | SOLWODI KENIA wird als eigenständige Nichtregierungsorganisation (NGO) anerkannt. |
| 2002 | Gründung von SOLGIDI *(Solidarity with Girls in Distress)*, einer Hilfsorganisation für Töchter von Frauen in der Armutsprostitution mit Sitz in Mombasa (Kenia) |
| 2002 | Gründung der SOLWODI-Stiftung in Boppard-Hirzenach |
| 2005 | Schulungen für RichterInnen und StaatsanwältInnen in Rheinland-Pfalz: »Effektivierung der Strafverfolgung in Menschenhandelsverfahren durch Kooperation mit Fachberatungsstellen« |
| 2006 | WM-Kampagne »Nein zur Zwangsprostitution« in Deutschland während der Fußballweltmeisterschaft und Einrichtung eines Notrufs für Opfer |
| 2006 | Präventionskampagne in osteuropäischen Herkunftsländern von Zwangsprostituierten |
| 2008 | Eröffnung eines Schutzhauses für Straßenkinder und junge Prostituierte in Mombasa (Kenia) |
| 2010 | Gründung von SOLWODI RUMÄNIEN E.V. und Eröffnung einer Beratungsstelle in Bukarest |
| 2011 | Gründung von SOLWOGIDI *(Solidarity with Women and Girls in Distress)* in Kenia – ein Projekt für die Kinder von Frauen in der Prostitution |
| 2013 | Gründung von SOLWODI ÖSTERREICH und Eröffnung einer Beratungsstelle in Wien |

*Ehrungen (Auswahl)*

| 1991 | Bundesverdienstkreuz am Bande |
|---|---|
| 1996 | Bundesverdienstkreuz 1. Klasse |
| 1997 | als »Frau Europas 1998« ausgezeichnet durch die Europäische Bewegung Deutschland |

# Textnachweis

Einheitsübersetzung der Heiligen Schrift: © 1980 Katholische Bibelanstalt GmbH, Stuttgart

1 Teresa von Ávila in »Ich bin ein Weib und obendrein kein gutes«. Ein Porträt der Heiligen in ihren Texten, hg. von Erika Lorenz, © Verlag Herder GmbH, Freiburg 1982, S. 34.

2 Lea Ackermann, »Eine dynamische Frau fragte ...«, aus: »Nennt uns nicht Brüder. Frauen in der Kirche durchbrechen das Schweigen«, hrsg. von Norbert Sommer, © Kreuz Verlag in der Verlag Herder GmbH, Stuttgart 1985, S. 181.

3 »Erziehung und Bildung in Rwanda – Probleme und Möglichkeiten eines eigenständigen Weges«, Peter Lang Internationaler Verlag der Wissenschaften, Pieterlen und Bern 1978.

4 Lexikon für Theologie und Kirche, 3. Auflage, hg. von Walter Kasper, Freiburg 1993–2001, Band 8 (1999) © Verlag Herder GmbH.

5 Text: Gustav Lohmann 1962, Musik: Hans Puls 1962; Gotteslob Nr. 440, Evangelisches Gesangbuch Nr. 419.